Rich致富271

窮人追漲跌
富人看趨勢
投資前一定要懂的10個指標

林奇芬◎著

高寶書版集團

想要當一個投資市場的贏家，
學會掌握投資環境的春夏秋冬變化，
才是影響投資成敗的重要關鍵。

　　　－林奇芬－

目錄

1 利率 央行不能說的秘密

2 貨幣供給額 資金足才能馬力夯

3 匯率 資金流向哪裡去？

4 經濟成長率 成長或是衰退？

5 採購經理人指數 測量景氣溫度計

目錄

推薦序
投資人練兵的十把鑰匙

財金文化董事長　謝金河

　　看完奇芬小姐的大作《窮人追漲跌，富人看趨勢：進場前一定要懂得十個經濟指標》，不覺得拍案叫好，因為這是很棒的投資教戰守則。

　　如果以今年全球金融市場的變化來看，奇芬小姐歸納出來的十個指標正好可完全派上用場。例如，把今年全球金融市場的變化攤開出來看，美國 FED 的 QE 到底退場不退場，成了全世界投資人都關心的焦點，因為柏南克每次喊話都會造成市場激烈的大震盪，奇芬小姐的新書第一個指標談到利率，第二個指標談到貨幣供給就是講這個。

　　從 2008 年金融海嘯以來，從美國、歐洲到今年的日本，大家都流行印鈔票救經濟的手段。各國央行大開資金水喉，用印鈔票的手段來救經濟，如今美國實體經濟正逐漸改善，柏南克跳出來告訴大家說，他的量化寬鬆將逐步退場，全世界投資人當然恐慌 FED 的退場對金融市場的撞擊。

　　奇芬小姐提到的第三個指標匯率，今年很淋漓盡致地表現在各國股匯市上面，從投資人的角度來看，匯率波動決定投資的成敗甚大。假如把今年全球市場歸納一下，最強的市場是股市漲、匯率也升值的市場，其中，美國最具代表性，美股屢創歷史新高，美元也升值，東

協市場也有這個特色；其次是股市漲，匯率貶值，例如，今年上半年日經指數上漲 31.6％，但是日圓也差不多貶了三成。假如，您投資日股，先別高興太早，因為您可能賺到股市的差價，卻在匯率貶值中，投資戰果被咬了回去；第三級的市場是股市跌，匯率升值，勉強要找出這樣的國家，如上証指數今年上半年下跌 12.7％，但是人民幣卻升值創 6.11 元的歷史新高，股市的價差賠了，卻可能在幣值升值中攤一點老本回來。

最慘烈的則是股匯市雙跌，今年經濟表現最差的國家可能是巴西，巴西的里拉今年上半年貶值兩成以上，巴西股市上半年大跌 21.4％，全球名列前茅，俄羅斯也是如此，而印度股市今年上半年只小跌 0.2％，但是盧比貶值超過 13％，假如您買到印度基金，也許股市價差不大，但是匯率卻慘賠不少。

廿多年前，我跟著邱永漢先生學習，他給我的最佳投資名言是投資一定要在匯率升值的地方，因為匯率升值代表這個國家基本面好，國家基本面好，GDP 會快速成長，這也是奇芬小姐的第四個指標，過去十年金磚四國成了全世界的投資顯學，就是因為這些國家都一度有將近兩倍數的經濟高成長。

往下看，包括我們常用的 CRB 指數觀察原物料行情，用 PMI 指數來看製造業與服務業的榮枯，或是用 B/B 值來看半導體產業景氣的好壞，或者是用 CPI 來看物價指數，這些都是投資人在投資過程中必須十分注意的指標，例如，您如果投資台積電，可能就要十分留意 B/B 值的變化。今年新興國家經濟面臨巨大挑戰，源頭是原物料價格大幅下跌，CRB 指數在 2007 年一度創下 473.97 的歷史新高，如今在 285 左右，可見，中國在結束生產基地的角色之後，不論是軟商品或

硬商品，價格都直直滑落，當然會重創像巴西，阿根廷，智利，澳洲這類原物料生產國的經濟，最近黃金價格急跌，也會衝擊到南非的總體經濟表現。

其他用來偵測投資風險的如 VIX 恐慌指標，或是失業率變化，或是消費支出占 GDP 比重，十分受用的敏感指標，像這回美國把失業率降到 6.5％，作為 QE 退場與否的根據，就讓失業率這個指標突然變得很重要。

而恐慌指數則是在市場信心最脆弱的時候會大幅飆高，像 2008 年金融海嘯，VIX 指數飆上了歷史最高點，每一次金融市場發生系統風險，例如金融海嘯、歐洲主權債務良機，投資人就時時留意 VIX 的變化。

在日常生活中，我們從事投資的人隨時都面對市場巨大變化，也會隨時陷身在危險狀態中，很難得的看到奇芬小姐幫忙大家理出一個很好的頭緒，她幫我們列出十個重要的經濟指標，假如您可以把這十個經濟指標融會貫通，您將可以十分從容應付金融市場瞬息萬變的各種考驗與挑戰。

建立正確的投資思考信仰

獵豹財務長　郭恭克

　　投資領域要做的兩大工作分別為資產配置（Asset Allocation）跟投資標的選擇（Objective Decision making），投資者先決定總資產在各類資產的配置比重，然後再根據各項資產的投資限額，進行同種類資產中的細項篩選。對一般投資者而言，前者之重要性遠大於後者，因為決定投資決策的成敗及報酬率高低的重要因子，絕大部份在資產配置階段便已被決定。

　　正確的資產配置必須透過宏觀的視野，對國內外經濟現況及未來趨勢做出理性的判斷，方能在資產總額固定之下，對不同的投資種類做出理性分配，也就是投資學上所稱之所謂「由上而下」（Top-Down）投資哲學。

　　奇芬姐此一精心著作，即是教讀者如何透過各種經濟指標或市場數據，觀察經濟情勢的脈動變化，在適當時機調整資產種類在總資產中的配置比重，理性做出買賣或增減部位的投資決策。

　　個人在投資資產管理領域中有超過二十年的實務經驗，也閱讀過相關的資產管理及投資理論既實務書籍，再詳閱本書，發覺奇芬姐此書與眾多學術殿堂教科典籍最大的不同，可以用三大特色簡單說明：
1. 簡單易懂　。2. 貼近市場。3. 嚴謹學理邏輯。尤其是前兩項，是學校

絕大部份教科書沒有辦法做到的，第 3 項則是坊間不少財經投資理財書籍所欠缺的。

　　書中，作者羅列十大重要經濟或市場指標，除對指標的意義做詳細的說明外，亦對各項指標在資產配置的實務應用上，舉過去及近期全球金融及投資市場的實際市況做對照說明，讓讀者可以很清楚了解市場的前因後果，並透過這些原本看似艱澀難懂的經濟指標，將經濟景氣榮枯循環、不同金融資產或有價證券的多空消長趨勢，完整進行串連。投資者閱讀完本書後，即可根據這些指標，透過嚴謹的邏輯思考，從過去發生的市場實際變化，找出面對最新市場情勢，如何做出最適資產配置、最有利投資決策的方法。

　　本書開宗明義，不僅強調如何看懂經濟景氣循環榮枯，亦配合不同經濟指標告訴讀者，在各種景氣循環階段之中，經濟指標將如何變化，而投資者應該做何種投資決策，才能「看懂景氣春夏秋冬，輕鬆當富翁」。

　　投資成敗最重要的是經濟趨勢的觀察，造成原本趨勢持續下去或轉折、轉強或變弱、否極泰來或樂極生悲，在不同經濟景氣循環階段中，投資者可透過對各種影響經濟景氣變數、造成企業獲利數字消長的因子，進行嚴謹的邏輯思考，找出整體市場或是投資標的相對合理價格及高低點，並衡量投資風險的相對高或低，領先市場預做有利提高投資報酬的投資決策。

　　讀者閱讀完本書後，可以對造成經濟景氣春、夏、秋、冬的前因及後果有清楚的認知。可以很容易發現，股價最低點往往出現在景氣衰退期末段，也就是各項企業營運成本最低點時，也是原物料商品行情最低點，企業獲利即將從谷底回升；股價高點則出現在景氣加速

成長期，也就是各項營運成本最高點時，原物料商品已位居相對高檔區，企業獲利即將從高峰下滑。

相對地，債券市場殖利率低點則出現在景氣復甦初期，此時，市場仍充斥悲觀氣氛，但債券市場漲勢卻已悄悄劃下休止符；債券市場殖利率高點則出現在景氣擴張趨緩期，此時，物價仍續創高點，一般投資人仍對股市多頭行情依依不捨，但隨物價從高點反轉向下，債券市場多頭行情就此展開。

對股票投資者而言，市場最佳長線買點往往在景氣衰退末期，也就是市場氣氛最悲觀時，最佳長線賣點則往往出現在景氣加速成長期，也就是市場氣氛最樂觀時。印證了股票市場一句名言：「賤取如珠玉，貴出如糞土」，更像大自然四季分明、盛極而衰、冬盡春來的自然法則。

閱讀此書，將可建立正確的投資思考信仰，讓自己的資產配置更趨於理性，不再隨市場氣氛起舞，自然可以成為長期投資報酬優於大部份市場參與者的投資贏家，真正當一個有錢、有閒的富翁。

奇芬姐願意不藏私地把多年珍貴的投資實務觀察分享給大家，讓我有機會閱讀一本難得的好書，在此誠摯推薦此書給大家！

前　言
看懂景氣春夏秋冬，輕鬆當富翁

生活中有一些事情是我們無法掌控的，例如天氣，明天會是晴天還是雨天？每天都有變化、捉摸不定。但有一些事情是永恆不變且容易掌握的，例如四季變化，總是順著春夏秋冬的方向行進，循環不變。

在投資理財上，我們想要抓到明天的天氣變化非常困難，也就是明天股價會漲還是會跌？沒有人可以正確預言。但若要判斷現在季節是春天還是秋天，則相對容易，也就是趨勢上目前是多頭市場還是空頭市場，判斷準確度可以大幅提高。

想要當一個投資市場的贏家，學會看季節比猜測天氣更重要。因為，季節變化有跡可循，猜到的成功率較高，而猜測天氣變數太多，成功率偏低。因此，學會掌握投資環境的春夏秋冬變化，才是影響投資成敗的重要關鍵。

狗與主人的散步路線

德國投資大師安德烈・科斯托蘭尼（Andre Kostolany），在他所寫的暢銷書〈一個投機者的告白〉中，曾經以主人遛狗，來形容經濟環境與股市的關係。

「一個主人帶著狗去公園散步，像所有的狗一樣，這隻狗先跑到前面，再回到主人身邊，接著又跑到後面，又回到主人身邊。整個過

程中，主人悠閒地從住家走到公園僅一公里的路程，但狗卻前前後後跑了四公里。但不管狗怎麼跑，他始終順著主人的方向走。主人就是經濟環境，狗就是股市。」

科斯托蘭尼這個簡單的形容，就足以說明經濟環境與股市的關係。如果經濟環境從景氣谷底到復甦，並逐漸邁向成長繁榮，則股票市場不管如何上下震盪，總是呈現一底比一底高的多頭走勢。而當經濟環境由盛而衰，從繁榮轉為成長停滯或進而衰退，則股市就會呈現一底比一底低的空頭走勢。所以，投資前要先確認的是「主人的散步路線」，也就是目前經濟環境是持續成長，還是從成長轉為衰退，才能決定投資方向要做多、還是要保守。

主人與狗，經濟與股市的關係

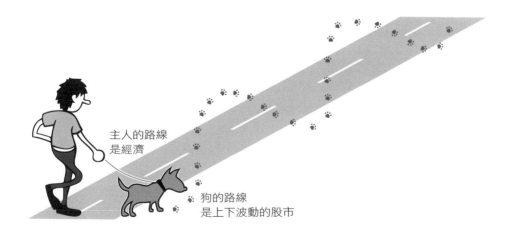

主人的路線
是經濟

狗的路線
是上下波動的股市

富達的投資時鐘，看懂二個指標

對大部分投資人來說，掌握經濟環境是多是空，本身就是一個難題。但其實並不難，只要掌握二個指標，就可以看到主要的趨勢方向。

富達投資時鐘，四個不同景氣階段

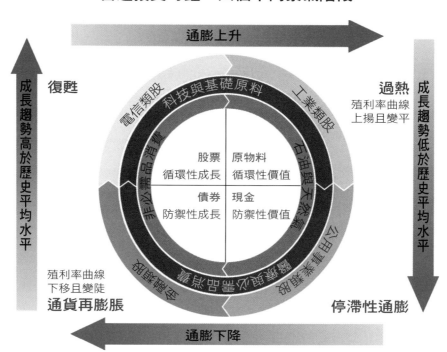

資料來源：富達國際公司

國際知名基金管理公司富達國際投資公司就編製了「富達投資時鐘」，每個月為投資人掌握最新的景氣環境分析。富達所採用的觀察指標只有二個，一是經濟成長率，二是通貨膨脹率。**他將全球景氣循環分為四個階段，包括復甦（recovery）、過熱（over heat）、停滯性**

通膨（stagflation）、**通貨再膨脹**（reflation）。四個不同階段各有適合投資的商品，分別為股票、原物料、現金、債券，投資人若能掌握住趨勢脈動，就可輕鬆投資。

四個景氣階段，投資策略大不同

當經濟成長率從負成長慢慢轉為正成長，同時，通膨率在低檔時，就是**經濟復甦期**，此時可以買進股票。而經濟成長率持續成長，但通膨率卻越來越高時，就進入**經濟過熱階段**，這個時候原物料價格會持續飆漲，最適合買進原物料，但股票要注意減碼。

接下來經濟成長率出現由盛而衰，成長減緩的現象，但通膨率卻在高檔，此為**停滯性通膨階段**，這個階段股票要賣出，原物料也要減碼，持有現金是最好的選擇。接下來經濟成長率出現低迷或負成長，而通膨率也降下來了，此為**通貨再膨脹階段**，此時中央銀行會降息以刺激經濟，因此，適合投資債券。

由於經濟景氣大多依著順時鐘方向，不斷周而復始的循環，因此，富達用「投資時鐘」的概念來說明，他對於全球投資環境在未來三到六個月的判斷，並以此來擬定資產配置策略。

十個指標，掌握春夏秋冬投資季節

復甦、停滯性通膨等經濟學名詞，對一般人而言還是有點隔閡，但如果談春夏秋冬四季變化，所有人一定覺得淺顯易懂。老祖宗早就告訴我們「春耕、夏耘、秋收、冬藏」的智慧，因此，只要懂得判斷全球經濟環境，目前是處在四季變化中的哪個季節，我們就知道該採取什麼投資行動了。

　　經濟學所指的景氣循環，大多經歷復甦，繁榮，停滯，衰退四個階段，就像我們每年都會經歷春夏秋冬一樣。我們常說春寒料峭，從冬天進入春天之際，氣候冷熱變化不定、難以捉摸，但老經驗的農夫懂得在此時開始插秧播種。等到天氣漸暖，夏天的腳步近了，秧苗持續成長，夏天是萬物生長最旺盛的時節，農夫只要持續灌溉、耐心等待。

　　之後時序進入秋季，稻穗逐漸飽滿成熟，此時農夫要懂得掌握最佳收割時機，萬一錯過採收期，收成一定大受影響。接下來天寒地凍的嚴冬來襲，農夫守著滿滿的穀倉，不需要急著行動，還不如好好休息，等待春天來臨再進行下一次的循環。

春天買進股票、秋天收割

　　我們的投資理財行動，如果能像農夫一樣精準的掌握季節變化，一定也能歡慶豐收。而投資環境的春夏秋冬該如何掌握呢？十個耳熟能詳的經濟指標，可以清楚的告訴我們季節訊號。

　　這十個經濟指標，平常在報章雜誌上經常見到，但大部分人對於指標代表的意義不是很清楚，或不懂得如何運用。其實，每個指標都透露了景氣的風向訊號，能掌握其中幾個，就可抓住大趨勢，例如，富達主要觀察其中二個指標。但若能進一步，善用十個指標多面向的確認景氣方向，則判斷失誤的機率更可大幅降低。

　　我追蹤這十個經濟指標的變化，與投資市場的變動，跨越近二十年、經歷三次以上的景氣循環，幾乎都呈現穩定呼應的走勢。因此，更讓我確信，投資人只要好好掌握這幾個簡單的指標，就可以抓住「春天買進、秋天收割」的重要投資轉折點。

十個指標，人人看得懂

　　這十個指標，包括了中央銀行掌控的資金方向，如利率、貨幣供給額、匯率，還有產業面實質的變化，如採購經理人指數，原物料指數等，此外，消費者面如消費支出、消費者物價指數等，以及整體經濟表現，如經濟成長率、失業率，還有投資心理面，如恐慌指數等。

十個指標與投資季節判斷

	春天	夏天	秋天	冬天
利率	低	由低而高	持續升高到停止	由高而低
貨幣供給額	寬鬆	由鬆變緊	緊縮	由緊變鬆
匯率	由貶轉升	升值	升值	由升轉貶
經濟成長率	低	高	成長減小	負成長
採購經理人指數	從低點突破 50	50 以上	50 上下，即將跌破 50	50 以下
原物料指數	低	由低而高	高	由高而低
消費者物價指數	低	由低而高	高	由高而低
消費者支出	低	由低而高	高	低
失業率	由高而低	低	低	由低而高
恐慌指數	由高而低	低	由低而高	高
投資標的	公債 高收益債 股票	股票 原物料 高收益債 公債減碼	現金 原物料減碼 股票賣出 高收益債賣出	公債 原物料賣出

製表：林奇芬

　　每個指標方向是從高到低，或是從低到高，各代表經濟景氣走到不同的季節階段。投資人若能清楚分辨，就能輕鬆地應對投資市場。

　　例如，目前美國 PMI 指數在 50 以上，中國卡在 50 上下，歐洲則在 50 以下，由此可知這幾個國家的景氣狀況，美國是最快進展到春天階段。而經濟成長率自 2010 年之後，大部分國家已經呈現正成長，同時預估 2013 年有些國家經濟成長率還高於 2012 年，因此，這些國家有機會從春天進入夏天階段。

　　另外，失業率是落後指標，從高檔下滑顯示景氣改善，若失業率在低檔反而要提高警覺。而恐慌指數是投資人心理面反指標，通常恐慌指數飆高，顯示投資人都逃離市場了，此時反而可以危機入市。

公開資訊，輕鬆掌握投資方向

　　十個指標都是公開資訊，很容易掌握，而且統計單位大多是政府單位或是專業金融機構，較不可能造假或錯誤資訊，更不可能受少數人操控影響，參考性相對較高。投資人只要定期保持對這些訊息的關心，很容易就能掌握趨勢方向。

　　舉例來說，美國聯準會 2007 年 9 月宣布調降利率，當時聯邦基金利率在 5.25% 的高檔，而央行降息代表景氣冬天即將來臨。因此，若看到美國央行降息訊號，並在 2007 年底之前賣出股票，就可以賣在前波股市最高點。甚至，降息代表冬天來臨，可以轉而買進債券，此階段也可以掌握到近五年來最佳債券買點。

　　又如，2008 年 9 月金融海嘯之後全球陷入一片愁雲慘霧中，但美國 PMI 指數在 2008 年 12 月觸底，最低跌到 33.1，之後連續三個月回升，投資人若看到 PMI 從低點穩定回升，就可以開始佈局股票。而美

國 PMI 指數在 2009 年 8 月突破 50，更確認景氣趨勢逐漸加溫。回顧美股這波最低點落在 2009 年 3 月，跟著 PMI 走勢，就可以買在起漲點。

掌握大趨勢，投資股票、基金都適用

不管投資人是買基金還是買股票，都會受到大環境影響，因此，都需要懂得掌握經濟指標來判斷環境多空。只是，基金投資人把選股、選債的工作交給基金經理人，因此，只要懂得掌握春夏秋冬季節變化就可以。而股票投資人不僅要看懂經濟環境，還要研究個別公司資訊，要做的功課就更多了。

更甚而不管是定存族、債券族，甚至買房地產，都會受到利率、匯率、經濟環境影響，因此，這十個經濟指標其實是人人都需要學的基本功。

不過，經濟指標主要在指引中長期趨勢方向，而不是短期的變動，因此，投資人不需要一看統計數據小幅度變化，就馬上調整投資方向。通常一次景氣循環大約走五到七年以上，而不是像一年有四季變化，因此，投資人（特別是中長期投資人）只要保持對於數據的追蹤，靜觀其變，而不需要時常進出。

舉例來說，美國從 1991 到 2000 年有一波長達十年，由科技股帶領的景氣繁榮期，2000 到 2003 年為景氣修正期，從 2003 到 2007 年為低利率帶動的房地產與原物料景氣繁榮期，2008 至 2009 年為景氣修正期，每一波的景氣循環時間從十三年到七年不等。而這一波從 2010 年起為量化寬鬆（QE）帶動的景氣復甦，還在持續前進的春天階段，要何時才會走到秋天階段，目前仍未可知。

美國是領頭羊，觀察美國指標動向

由於美國是全球最大 GDP 國，佔全球 GDP 比重二成以上，美國的經濟變化對全球具有重大影響，而美股也是全球規模最大的股市，美股 S&P 500 指數象徵美國最具代表性 500 家企業的狀態。因此，要看全球趨勢，首先觀察美國經濟指標與美股走向，本書中大部分的舉例也以美國經濟指標與美股的變動，來做為主要的說明。但同樣的經濟指標，套用到全球每個國家也一樣適用，投資人可參考應用。

以目前全球利率都處在低檔環境，景氣還處在冬末、初春之際，所以，大部分投資人還在擔心，景氣何時復甦。例如，台灣景氣燈號經歷十個藍燈後又出現九個黃藍燈（到 2013 年 5 月為止），顯示景氣欲振乏力。不過，個別國家還是存在差異，例如東協國家已經走到夏天階段，經濟呈現繁榮熱絡的景象。因此，若投資區域型基金或是單一股市基金的投資人，就要多留意所投資區域與國家的經濟環境變化。

看懂春夏秋冬，投資好輕鬆

我投資基金超過二十年經驗，長期觀察國際經濟與股市的變動，深刻的體會經濟環境變動對股市與債市的影響。而這十個經濟指標，可以清楚地指引春夏秋冬的季節變化，若懂得學習農夫春耕、夏耘、秋收、冬藏的季節操作心法，就可以當一個年年豐收、穀倉滿溢的投資贏家。

現在起，你不要再當盲目衝進衝出的投資人，好好的學習十個經濟指標，這會是你掌握財富最重要的關鍵密碼。

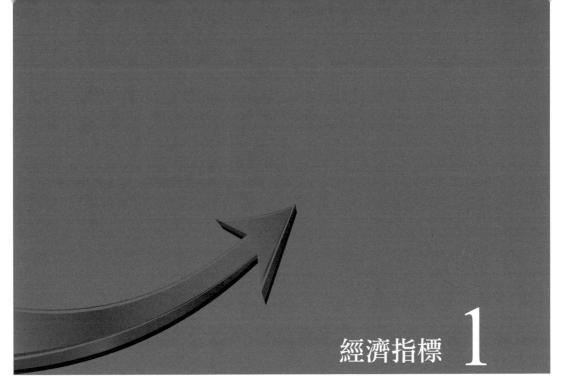

經濟指標 1

利率

央行不能說的秘密

事件 1
定存利率 1.38%，存款族財富大縮水

　　這幾年投資市場變化大，許多人理財慘遭滑鐵盧，心想不如把錢放銀行比較安穩。可是，2008 年金融海嘯之後，全球利率直直落，定存族一樣感受到錢縮水了。根據台灣銀行的存款利率資料顯示，金融海嘯發生前，一年期定儲利率是 2.66%，也就是 1 百萬元存款一年利息 26,600 元。但金融海嘯發生後，央行降低重貼現率，各銀行也調低存款利率，最低在 2009 年 2 月時，一年期定儲利率僅有 0.795%，也就是存 1 百萬元僅有 7,950 元的利息收入，足足比原先少了快 2 萬元。

　　雖然 2010 年景氣復甦，利率水準也小幅回升，但到 2012 年 12 月底，一年期定存利率僅 1.38%，仍然未回到海嘯前的水準，平均每一百萬元存款，一年就少了 12,800 元的利息收入。

利率低，定存族衝擊大

　　從 2000 年科技泡沫，到 2007 年房地產泡沫，每次發生金融危機，全球就大降息，低利率已經快要變成常態了。回顧 2001 年時，台灣銀行一年期定存利率可高達 5%，一百萬元每一年可創造 5 萬元的所得，許多退休族都靠銀行利息收入來支應生活所需，而今利率大縮水，也讓退休族、定存族，收入大打折扣（參圖 1-1）。

　　尤其在低利率環境下，若每年物價上漲率高過存款利率，表示資金收益追不上物價上漲，錢存銀行反而越存越薄，這也逼得民眾不得不替資金尋找新的出路，才不會讓自己的財富不斷縮水了。

1-1 台灣銀行存款利率歷年變化

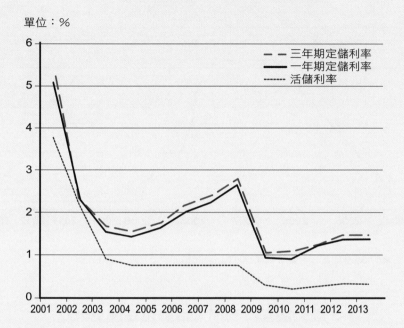

單位：%

三年期定儲利率
一年期定儲利率
活儲利率

資料來源：中央銀行
繪圖製表：高寶書版編輯部

事件 2

美國 0% 利率，邁入第五年

　　2008 年美國爆發次貸危機，並引發後續的雷曼兄弟破產、與全球金融海嘯。其實，這一切都是利率惹的禍。

　　2000 年科技泡沫危機後，美國前任聯準會主席葛林斯班為了救經濟，採取低利率政策，此舉反而推升了美國房地產市場的榮景。房地產市場持續成長，推升景氣復甦，也帶來物價飆漲的後遺症。聯準

1-2 美國聯準會將聯邦基金利率降至 0 ~ 0.25%

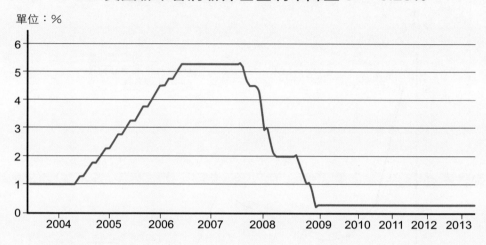

單位：%

資料來源：XQ 全球贏家，統計期間 2003/1 ~ 2013/6

1-3 歐元區基本利率，目前也在歷史低點

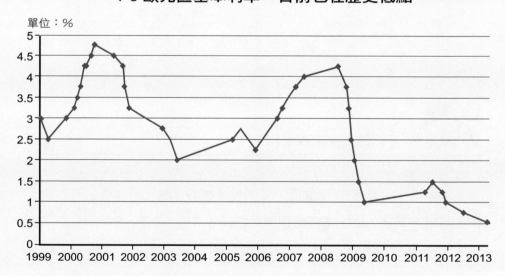

單位：%

資料來源：鉅亨網，統計期間 1999/1 ~ 2013/5

會為控制通膨壓力，不得不快速升息，但高利率讓許多民眾無力繳房貸，終在 2008 年爆發次貸危機，並造成美國房地產市場崩盤。

零利率可能持續到 2014 年

房市泡沫與金融危機，讓現任美國聯準會主席柏南克再次採取降息動作，原先美國聯邦基金利率已降為 2%，在 2008 年 10 月份連降 2 次，降到 1% 的水準，12 月更把利率降到 0 到 0.25%，為史上最低水準。

從 2008 年 12 月至 2013 年 6 月底，長達 4 年半的時間，聯準會一直維持在零利率的水準。而聯準會更誓言，零利率政策還會持續，要確認美國經濟復甦後才會改變。若果真如此，將創下最長時間的低利率環境（參圖 1-2）。

1-4 台灣央行重貼現率，在金融危機後降至低檔區

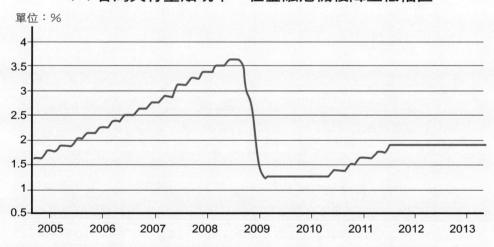

單位：％

資料來源：XQ 全球贏家，統計期間 2004/1 ～ 2013/6

全球都採取低利率政策

受到美國零利率政策影響，歐洲央行也同步採取降低利率的動作。歐洲央行在 2008 年 10 月，將基本利率從 4.25% 降為 3.75%，之後多次調降利率，到 2012 年 7 月，利率已降到 0.75% 的低水準。但由於歐元區景氣疲弱，2013 年 5 月再次降低利率至 0.5%，史上最低的水準，而歐元區央行總裁還表示，不排除繼續降息的可能性（參圖 1-3）。

不只是美國、歐洲央行這樣做，全球央行都採取降息行動，台灣也不例外。台灣央行的重貼現率（中央銀行對銀行的融資利率）在 2008 年 9 月為 3.5%，金融海嘯後央行快速降息，到 2009 年 2 月重貼現率降至 1.25%。直到 2010 年 6 月金融危機已見緩和，台灣景氣逐漸復甦，央行重貼現率才微幅往上調高（參圖 1-4）。

由於全球經濟景氣不見大幅成長，除少數高通膨國家外，各國央行並未積極調高利率，因此，目前全球普遍處在低利率環境中。而究竟低利率還會持續多久？就看美國聯準會的動作了！

🔍
所謂「次級房貸（subprime mortgage）」，是指美國金融機構對個人信用條件較差的房貸客戶，所適用的房貸方案，由於信用條件較弱，所適用利率水準也較高，當利率大幅攀升時，更容易出現繳不出房貸的違約情況。
美國在 2007 年到 2008 年房地產市場重挫，就因為高利率使次貸違約率升高所導致。2007 年 4 月美國第二大次貸公司新世紀金融公司申請破產，房市已經出現危機，之後由於房地產市場下滑、房價下跌，2008 年 9 月為很多房地產抵押貸款證券（Mortgage-Backed Security）進行擔保的雷曼兄弟也申請破產，並引爆全球金融市場大衝擊。

景氣升息，不景氣降息

　　愛因斯坦最常被引用的一句話，「複利的威力勝過原子彈。」複利的「利」指的就是利率、或是資金報酬率。短期的利率變動，也許你感覺不到他的存在，但長期下來產生的影響力，超乎你的想像。在投資理財上，利率代表的是資金成本，也決定了資金的流向，而能夠掌握利率方向的人，就是世界上最有權勢的人。

　　2008 年雷曼兄弟破產，引爆全球金融市場浩劫，出來拯救世界的，不是超人也不是蝙蝠俠，而是全球中央銀行總裁。央行總裁掌管金融市場的穩定，他能採取的行動主要有二個，一是利率高低（資金的成本），另一個就是貨幣鬆緊（資金的數量）。其中，一般民眾比較容易觀察的是利率高低，而從央行調高或調低利率的小動作，民眾就可以預言經濟景氣的方向了。

央行小動作，景氣大預言

　　一般而言，當經濟景氣穩定成長時，中央銀行不需要採取過多干預行動，利率可維持在長期平均水準。但若景氣持續成長，甚至產生通膨壓力時，中央銀行會採取提高利率動作，來抑制過熱的經濟。相反的，當景氣衰退、民眾消費萎縮、企業獲利下滑時，中央銀行會降低利率，來刺激經濟成長。

　　換句話說，**中央銀行調高利率、表示預期景氣成長，調降利率、表示預期景氣衰退**，中央銀行一個小小的動作後面，其實隱含了對於

經濟環境未來走向的看法。由於一般民眾沒有足夠的資訊或專業能力，來判斷未來景氣好壞，因此，最簡單的方法，就是「看央行總裁怎麼做」，就對了。

　　回顧 2004 年到 2012 年美國聯準會利率走勢，可以清楚的看到央行利率政策，與經濟景氣的連動關係。

聯準會升息，經濟、股市續創新高

　　2000 年全球面臨網路泡沫衝擊，聯準會快速降息，聯邦基金利率降到 1% 的低水位，經過三年的調整，美國經濟逐漸復原，因此從 2004 年 6 月起，聯準會逐步調升利率，到 2006 年 6 月總計升息 17 次，將基本利率調高到 5.25%（參圖 1-5）。

　　在聯準會升息過程中，美國經濟持續成長，美股續創新高，驗證聯準會升息，代表景氣正在擴張階段，投資人可以大膽投資。

高利率壓抑成長，降息代表景氣轉壞

　　5.25% 的高利率水準，對企業與民眾帶來不小的成本壓力，景氣成長開始出現停滯現象，因此，從 2006 年中起聯準會利率維持不動，沒有再繼續調高。而從 2007 年起，美國陸續傳出不動產貸款公司倒閉，房市交易萎縮，民眾消費能力縮減，景氣停滯下滑現象。因此，2007 年 9 月聯準會開始採取降低利率動作，此舉也等於正式宣告，景氣已從高峰反轉。

　　早在 2008 年 9 月雷曼兄弟破產前，聯準會已經多次調降利率，但仍無法挽救失速掉落的景氣。在雷曼兄弟破產、引發全球金融危機後，聯準會更快速降低利率，甚至史無前例的降至 0 到 0.25% 的水

1-5 升息階段，經濟持續成長

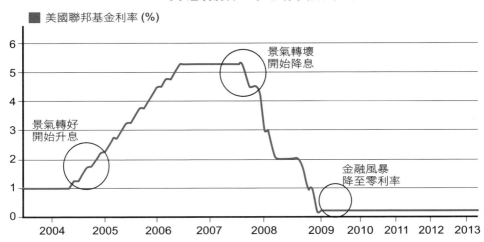

■ 美國聯邦基金利率 (%)

景氣轉壞
開始降息

景氣轉好
開始升息

金融風暴
降至零利率

資料來源：XQ 全球贏家，統計期間 2003/1 ～ 2013/5

1-6 升息階段股市多頭，降息階段股市空頭

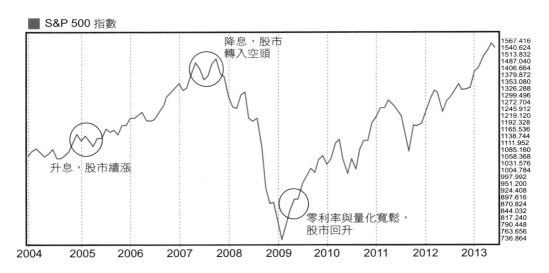

■ S&P 500 指數

降息，股市
轉入空頭

升息，股市續漲

零利率與量化寬鬆，
股市回升

資料來源：MondyDJ 理財網／ iQuote，統計期間 2004/1 ～ 2013/5

準，並維持至今。

　　從 2007 年 9 月聯準會第一次降息，到 2008 年 12 月將利率降到 0 至 0.25%，共計降息 9 次，而在這段期間美國經濟景氣持續下滑，美國股市也從高點反轉重挫。同樣驗證，當聯準會降息，代表景氣衰退，投資人應該賣出股票。

看懂利率，掌握股市進出點

　　從美國聯準會的動作可知，當**利率維持在高水準**一段時間，並未再持續拉高時，顯示**景氣已經到過熱期**，並開始出現停滯狀態，這時投資人要提高警覺。等央行宣布**調降利率**，就正式宣告**景氣將走下坡**路段。

　　例如 2007 年上半年利率維持不動，直到 2007 年 9 月聯準會宣布降息，美股在該月份見波段最高點，之後進入空頭市場。投資人若能跟著柏南克的腳步走，注意到景氣反轉的訊號，就不會受到後續金融海嘯的衝擊（參圖 1-6）。

　　相反的，若央行利率在低檔水準，並維持一段時間未再進一步降低時，反而是接近景氣谷底，接下來景氣將逐漸改善，投資人可以進場布局。例如，2003 年、2004 年，利率從谷底回升，就是景氣谷底，也是最好的股市買點。

利率在低檔，股市已經創新高

　　只是 2008 年的金融海嘯衝擊太大，2009 年之後聯準會一直維持 0% 利率狀態，至今已四年之久，是否利率預言功能喪失？

　　從大環境來看，2009 年是利率谷底，也是景氣谷底，2010 年後

美國經濟已經出現正成長，在低利率與寬鬆貨幣政策下，美股已經領先反彈。由於目前美國失業情況仍未改善，美國經濟並非全面性復甦，因此聯準會仍未採取升息動作，以至於這次利率還在谷底，美股卻已經領先創新高了。

　　進入 2013 年市場開始討論，聯準會的貨幣寬鬆政策何時停止（QE 退場），又究竟何時會修正零利率政策？很多人也擔心若聯準會開始升息，就是美股多頭市場結束了。其實，若未來美國聯準會開始提高利率，顯示景氣復甦更為明確，應該對經濟成長樂觀期待。而且按照歷史經驗來看，通常都要升息一段時間後，才會出現經濟過熱現象，投資人未來可以保持密切觀察。

利率上升，債券殖利率看升

中央銀行的利率政策，直接影響銀行存款、放款利率的調整，除此之外，受利率影響最大的理財工具就是債券。利率變動影響債券殖利率（市場利率）走向，也影響債券價格，因此，喜歡購買固定收益產品的投資人，不能不認識利率對債券的影響威力。

債券價格與利率

債券是一種借貸工具，國家發行的債券稱為政府公債，企業發行的債券稱為公司債。既然是借錢，當然要支付利息，因此，債券上會載明借貸金額、到期日、票面利率、付息方式、還款方式。

舉例來說，一張面額 1,000 萬元，票面利率 4%，三年期，每一年付息一次的債券，這張債券未來的現金流量如下圖，第一年收到 40 萬元利息，第二年收到 40 萬元利息，第三年收到利息 40 萬元與本金 1,000 萬元，那麼債券現在的價格應該是多少呢？

要知道債券的價格，就要推算債券的現值（present value, PV），也就是要將債券未來每一筆收入（future value, FV），換算成現在的價值（PV），並將其加總起來，也就是債券的折現（discount）。按照 4% 的利率計算，債券現值正好是 1,000 萬元。

● **債券價格計算公式：**

$$債券現值（PV）＝\frac{債券未來值（FV）}{（1＋r）^t}$$　　（r 為每期利率，t 為期數）

債券未來收益與債券現值估算

年	0	1	2	3
收支	債券價格？	400,000	400,000	10400,000

$$384,615.4 = \frac{400,000}{(1+4\%)}$$

折現

$$369,822.5 = \frac{400,000}{(1+4\%)^2}$$

折現

$$+9,245,562.1 = \frac{10400,000}{(1+4\%)^3}$$

折現

（現值）10,000,000

債券票面利率與殖利率的差異

　　發行之後的債券可以在市場上流通買賣，買賣雙方根據當時的市場環境來決定交易利率，從投資債券至到期日為止這段期間的報酬率，稱為殖利率（Yield），通常就是指市場利率。由於債券本金與到期支付利息是固定不變的，因此，當市場殖利率波動時，也相對表示債券價格的高低變動。

　　舉例來說，前述 1,000 萬元的債券，票面利率 4%，發行期間三年，目前僅剩一年到期，債券投資人張三先前用 1,000 萬元買進該債券，已經領了二次利息，但目前有資金周轉需求，因此，他想要賣出該債券，究竟他該用多少價格賣出呢？

　　若目前央行持續升息，市場利率看升，債券買方投資人李四期待 5% 的報酬率才願意買進該債券，由於債券到期本利和不變為 1,040 萬元，較高的債券殖利率，就表示債券價格下跌為 990 萬元。也就是債券買方李四只願意出價 990 萬元，來購買這張本金 1,000 萬元的債券。

　　相反的，若目前央行持續降息，市場利率看跌，債券買方投資人李四表示，3% 報酬率就願意買進這張債券，此表示債券價格上升為 1,010 萬元，也就是債券買方投資人李四願意出價 1,010 萬元，來購買這張本金 1,000 萬元的債券。

● 債券價格計算方法：

1040（到期本利和）÷105%（本金＋殖利率）＝ 990（債券折價）
1040（到期本利和）÷103%（本金＋殖利率）＝ 1010（債券溢價）

利率走低，債券價格走升

　　由以上說明可知，當利率走跌時，債券殖利率走低，債券買方願意出較高的價格來買進債券，而利率走升時，債券殖利率升高，債券買方只願意用較低的價格來買進債券。

　　可見，**債券殖利率與利率方向一致，但與債券價格呈相反走勢。**由於當**利率走低**時，可推升**債券價格走高**時，因此，在降息階段會不斷的推升債券價格上漲，這是債券的多頭市場來臨。相對的，若預期未來利率走升，導致債券價格下跌，則債券的空頭市場來臨。

債券殖利率與債券價格變動

債券到期本利和（萬元）	殖利率（％）	債券價格（萬元）
1040	5%	990
1040	4.5%	995
1040	4%	1000
1040	3.5%	1005
1040	3%	1010

央行降息，買進債券基金

　　從前面例子可發現，當各國經濟不景氣時，央行會持續降低利率，造成債券市場殖利率持續下滑，推升債券價格不斷上漲。而當經濟景氣過熱，央行持續升息時，會帶動債券殖利率上揚，造成債券價格持續下跌。因此，在景氣熱絡的夏天、秋天階段，**央行升息，不適合買進債券**，而在景氣的冬天階段，**央行降息，應該買進債券。**

央行降息，十年公債殖利率創新低

　　舉例來說，2007 年 9 月聯準會首次展開降息動作，之後更多次降息，美國 10 年期公債殖利率在 2007 年 6 月高點為 5.34%，之後持續走低。至 2009 年初聯邦基金利率跌至 0，美國 10 年公債殖利率也跌至 2.15% 的低水準（參圖 1-7）。

　　之後，聯邦基金利率維持零利率不變，但在發生歐債危機下，國際資金尋求避風港，大量購買美國公債，推升美國公債價格，並讓美國 10 年公債殖利率持續下滑，到 2012 年 7 月最低來到 1.375%。

降息階段，債券基金報酬率攀高

　　從過去六年的走勢可以看出，當美國聯準會持續降息時，美國公債殖利率持續創低，債券價格持續創高。這表示購買債券的投資人，除了可以賺到債券利息外，還可以賺到債券價格上升的資本利得，是雙重收穫。因此，在降息階段，往往是購買債券基金最好的時刻了。

1-7 美國 10 年期公債殖利率，在降息階段直直落

單位：%

資料來源：MondyDJ 理財網 /iQuote，統計期間 2000/1 ～ 2013/6

1-8 降息階段，債券基金報酬率節節攀高

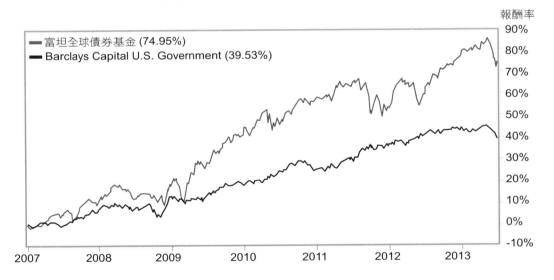

資料來源：MoneyDJ 理財網／基金，統計期間 2007/1 ～ 2013/6

　　以一檔全球型債券基金為例（參圖 1-8），從 2008 年起全球利率逐步下調，殖利率降低，債券價格上揚，讓債券基金的淨值持續成長。到 2012 年底為止，全球債券市場走了近五年的大多頭，這段時間投資債券基金的投資人，報酬率有的甚至高達 100% 以上，可說是債券投資的黃金盛世。

　　就因為債券基金在過去幾年表現亮麗，造成台灣投資人一窩蜂搶買債券基金，也掀起投信公司募集債券基金的熱潮。到 2013 年 5 月底為止，全台灣投資人持有國內投信發行的債券基金規模高達 3,079 億元，到 4 月底持有海外基金公司發行的債券基金規模高達 1.65 兆元。總計超過 1.95 兆新台幣的規模，就可知道債券基金有多受歡迎了。

04 高收益債券基金，
小心信評與景氣風險

　　影響債券價格的變數，不只是利率高低，信用風險也是其中一項
要注意的因素。通常信用評等高的債券，投資人購買意願高，會造成
債券殖利率偏低，而信用評等低的債券，投資人購買意願不高，會造
成債券殖利率攀高。

信評調降，債券殖利率飆高

　　以 2010 年 5 月爆發的歐債危機為例，由於希臘累積債務過高、
財政惡化，無法償債及可能退出歐元區的風險，讓信評機構將希臘債
信調到 CCC 垃圾債券等級，也讓投資市場急著拋售希臘公債。

　　2012 年 3 月希臘 10 年期公債殖利率，甚至飆高到 43% 的水準，
等於債券價格打折近一半，還沒人想買。還好後續在歐元區領袖協力
化解下，希臘通過撙節方案、降低財政赤字，讓希臘得以續留歐元
區，未出現債券違約情況，而希臘 10 年期債券殖利率也終於下跌，
在 2012 年底回跌到 10% 的水準（參圖 1-9）。

　　從希臘債券殖利率變化可知，當時歐洲央行持續降低利率，照理
來說歐洲國家債券殖利率應該下跌，例如，德國 10 年公債殖利率就
持續下跌，但是，希臘債券違約的風險卻讓投資人擔心害怕，促使債
券殖利率飆高，導致債券價格暴跌。

1-9 希臘 10 年期公債殖利率，在歐債危機中大幅飆高

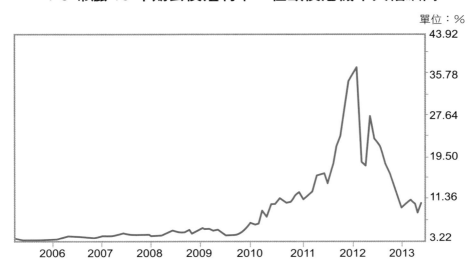

單位：%

資料來源：鉅亨網，統計期間 2005/1 ～ 2013/6

1-10 高收益債券基金，在景氣下滑階段衝擊最大

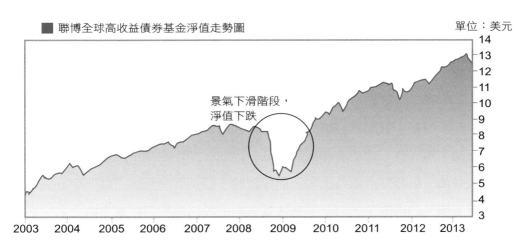

■ 聯博全球高收益債券基金淨值走勢圖　　　　單位：美元

景氣下滑階段，
淨值下跌

資料來源：MondyDJ 理財網／基金，統計期間 2003/1 ～ 2013/6

不景氣時高收益債信用風險升高，債券價格跌

因此，降息階段雖然可以投資債券，但最好避開高收益債券，也就是一般泛稱的垃圾債券（低評等債券）。因為**在不景氣階段，信評條件差的公司受到景氣下滑的衝擊較大，債券違約風險升高。**此時，高收益債券的殖利率會大幅飆高，債券價格下跌，造成債券投資人的損失，因此，投資人最好先避開。

從一檔全球高收益債券基金的報酬率表現可以看出（參圖1-10），在2008年下半年雷曼兄弟破產事件後，造成高收益債券價格大幅下跌，一直到2009年初，各國央行降息、政府推出各項經濟刺激方案，舒緩金融危機後，高收益債價格才慢慢回升。另外，在2011年下半年，美國被調降信評、歐洲債務危機升高之際，高收益債券也出現一段修正走勢。

高收債與股票走勢一致

由此可見，當經濟景氣從成長轉為衰退時，體質最脆弱的高收益債券，應該要優先避開。等確認經濟景氣不再惡化、甚至出現回升走勢時，才是布局高收益債券較好的時間點。

另外，一般而言當利率升高時，債券價格下跌，對債券投資較為不利。但是，對高收益債券而言，當利率升高，顯示景氣復甦，企業獲利可望成長，債券違約風險降低，因此，升息初期可以繼續投資高收益債。但若經濟景氣出現過熱停滯時，甚至要降息時，就要小心高收益債券的風險了。因此，**高收益債券的投資與股票投資方向一致，反而與公債投資的考量不同。**

殖利率止跌回升，
小心債券空頭市場

　　從 2009 年到 2012 年，是債券投資的黃金時期，任何一個時點購買債券都可獲利，也因此成為銀行端最熱賣的金融商品。但是這樣的好日子還會持續嗎？投資人可能要提高警覺了。

　　首先，日本維持低利率政策已經相當長的時間，日本 10 年期公債殖利率長期多在 2% 以下的低水準（參圖 1-11）。但金融海嘯後，資金湧向日本公債，使得日本 10 年期公債殖利率一路下跌，至 2013 年 4 月最低來到 0.45% 的歷史新低紀錄，之後 5 月 22 日聯準會主席柏南克談話，市場解讀聯準的量化寬鬆政策（QE）可能退場，短短幾天內，日本 10 年公債殖利率竟然飆高到 0.92%，引起金融市場大地震。

美國、英國已見債券殖利率反彈

　　同樣的，美國 10 年公債殖利率在 2012 年 7 月，也來到最低 1.375% 的歷史新低，之後有小幅反彈。2013 年 5 月份聯準會談話後，美國 10 年公債殖利率更從 1.66%，在二個月內飆高到 2.6%，美國公債市場也是一遍哀鴻遍野。

　　另外，英國 10 年公債殖利率在 2012 年中來到最低 1.46%，德國 10 年公債殖利率則在 2013 年 4 月來到 1.21% 的新低紀錄（參圖 1-12）。在 QE 退場擔憂下，2013 年 6 月份，英國 10 年公債殖利率彈升至 2.54%，德國 10 年公債殖利率彈升到 1.81%。

1-11 日本 10 年公債殖利率，歷史低檔區

單位：%

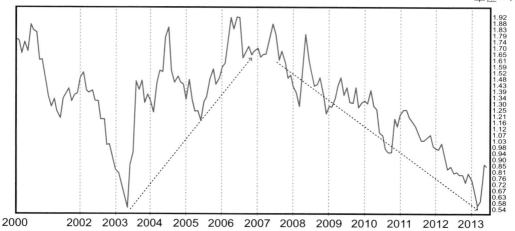

資料來源：MondyDJ 理財網 /iQuote，統計期間 2000/1 ～ 2013/6

1-12 德國 10 年公債殖利率，歷史低檔區

單位：%

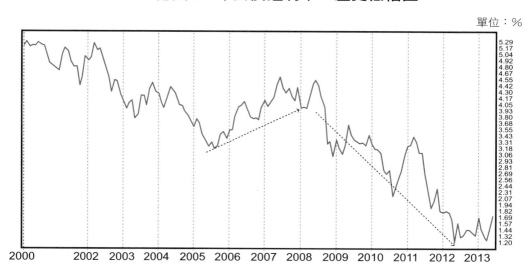

資料來源：MondyDJ 理財網 /iQuote，統計期間 2000/1 ～ 2013/6

從許多國家公債殖利率創下歷史新低紀錄，表示債券殖利率已經跌無可跌，一旦未來景氣復甦，利率反轉向上的風險升高。雖然目前各國經濟景氣仍不明朗，央行都尚未採取升息行動，但光是美國 QE 可能退場的心理預期，就讓全球債券市場出現大地震，由此顯示債券多頭市場已到了修正的階段了。

殖利率回升，債券基金應減碼

前面提過，殖利率下跌，債券價格上漲，殖利率上升，債券價格下跌。通常，經濟景氣成長階段，中央銀行首先會將利率回復到歷史平均水準，之後若景氣持續熱絡，會逐步升息，此也代表債券價格將會不斷的向下修正。

因此，**降息階段可以抱牢債券基金，但升息階段最好降低債券基金的比重。**等到升息階段停止時，才是再次布局債券的好時機。

另外，**升息階段表示經濟景氣持續好轉**，企業的獲利可持續增加，因此對股票市場更為看好，**反而應該加碼股票型基金。**

當利率快速走高，
戳破下一個泡沫

美國前任聯準會主席葛林斯班在任 14 年，一直是備受推崇的金融權威，下台後最受爭議的批判，就是在 2000 年全球經歷網通泡沫之後，採取一連串的降息行動，讓美國聯邦基金利率降到 1% 的低水準，並讓美國維持在低利率環境長達四年時間。低利率帶動了美國房地產市場的蓬勃發展，刺激美國經濟成長，但後續也引發了房市過熱危機，最終導致次貸風暴。

美國何時升息，眾所矚目

次貸風暴發生時，葛林斯班已經卸任，接任者柏南克採取跟他一樣的方法：快速降息，而且手段更激烈。這次聯邦基金利率直接降到零利率，至目前為止已經維持零利率四年半之久，而且還打算持續至 2014 年。果真如此，則美國零利率政策將長達六年之久，此也將醞釀下一個泡沫的產生。

從歷史軌跡推估，當低利率環境推動景氣回復正軌後，央行將逐步調升利率，雖然目前市場推估，至少要到 2014 年後美國才可能開始升息，但由於全球狂印鈔票，若資金開始退場，升息日期是否提前，仍未可知。

中國資金嚴格管控

而且美國維持低利率，不見得其它國家不會提早升息，例如，深

1-13 中國重貼現率的走勢

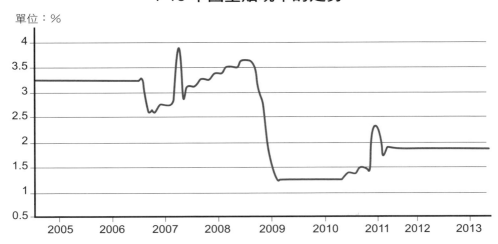

單位：%

資料來源：XQ 全球贏家，統計期間 2004/1 ～ 2013/3

1-14 中國銀行間隔夜拆款利率（SHIBOR）

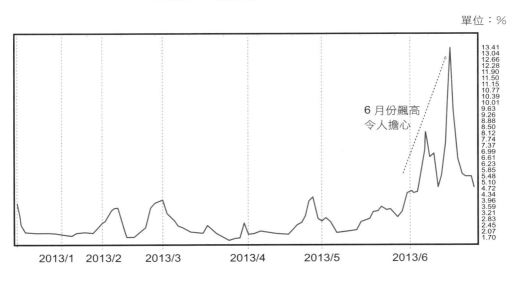

單位：%

6 月份飆高
令人擔心

資料來源：MondyDJ 理財網 /iQuote，統計期間 2013/1 ～ 2013/6

受通膨所苦的新興市場，很可能會是率先升息的主要國家。以中國為例，美國已經降息至 0% 四年之久，但中國卻在通膨升高下，從 2010年下半年就開始拉高重貼現率，在 2011 年曾一度突破 2.5%，後來因為景氣不佳才下又下調（參圖 1-13）。

中國目前存款準備率還在歷史高點，對銀行放款也嚴格管控，但此緊縮政策卻反而促成非正規金融放款氾濫，影子銀行在過去幾年大幅放貸，潛在金融危機升高。中國在 2013 年政權交棒，新領導人上台後，採取積極管控金融亂象的態度，造成 2013 年 6 月銀行間隔夜拆款利率（SHIBOR）飆高到 13.44% 的高點，後來在人民銀行提供資金紓解下，銀行間拆款利率才滑落（參圖 1-14）。

中國銀行間隔夜拆款利率緊俏，象徵警示的訊號，如何降低影子銀行規模，又可將資金引導至正常企業貸款，正是目前中國面對的挑戰難題，且看執政當局如何謹慎處理了。

此外，近期經濟景氣快速成長的東南亞國家，通膨快速升高，未來也將會是領先調高利率的國家，而當利率持續上揚時，將會對亞洲這幾年蓬勃發展的房地產市場帶來負面的影響，這也是未來應該持續觀察的風險。

INFO.

到哪裡找利率資訊：
美國聯準會 http://www.federalreserve.gov/
歐洲央行 http://www.ecb.europa.eu/home/html/index.en.html
台灣中央銀行 http://www.cbc.gov.tw/mp1.html
中國人民銀行 http://www.pbc.gov.cn/

理財網站
鉅亨網／央行 http://www.cnyes.com/CentralBank/
MoneyDJ 理財網 /iQuote http://www.moneydj.com/iquote/

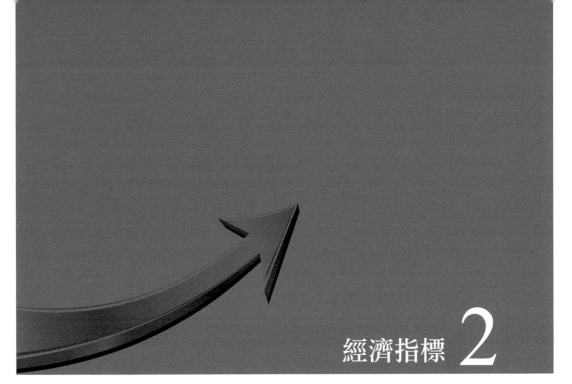

經濟指標 **2**

貨幣供給額

資金足才能馬力夯

事件 1
美國 QE，引爆全球資金狂潮

　　2008 年 9 月 15 日，美國華爾街爆發重大金融危機，擁有 158 年歷史、規模第四大的投資銀行雷曼兄弟宣告破產，連帶引起金融市場骨牌效應，不僅房地產市場崩盤、金融資產價格暴跌、更引發金融機構連鎖崩潰危機，最終不得不由政府出手救援。由於牽連的金融機構甚廣、連帶衝擊全球金融體系，因而被稱為世紀金融海嘯。

　　為解決此巨大危機，除了由美國政府出手拯救金融機構外，聯準會更在金融市場注入大量資金，化解金融流動性危機。美國聯準會採取的行動，除了立刻降低利率，甚至降到史上前所未見的零利率之外，還推出了所謂的 QE（Quantitative Easing Monetary Policy，量化寬鬆貨幣政策），自此 QE 成為全球民眾耳熟能詳的名詞。

美國實施量化寬鬆規模與美股表現

	QE1	QE2	OT 扭轉操作	QE3	QE4
實施期間	2008/10/31～2010/3/31	2010/11/3～2011/6/30	2011/9/30～2012/12/30	2012/9/13～無限期	2013/1/1～無限期
收購標的	抵押貸款證券（MBS）公債 企業機構債	長期公債	買進長期公債、賣出短期公債	抵押貸款證券（MBS）	長期公債
收購規模	1.725 兆美元	6,000 億美元	6,670 億美元（不影響資產負債表）	每個月400 億美元	每個月450 億美元
美股S&P500漲幅	2008/11/1～2010/10/31+25.03%	2010/11/1～2011/6/30+11.72%	2011/10/1～2012/12/30+26.07%	美股創新高	美股創新高

資料來源：富蘭克林證券投顧，統計至 2012 年 12 月底

QE 撒錢，共計 4.17 兆美元

　　什麼是 QE（量化寬鬆）呢，簡單的說，就是除了降低利率外，中央銀行還持續把資金注入到金融體系，以維持資金的流動性。中央銀行主要透過購買證券、債券等方法釋出資金，增加金融機構手上的貨幣流通量，刺激銀行放款能力，以提振經濟活動。由於此舉會增加市場上貨幣供給額，因此，被譏諷為開直昇機撒錢。

　　為拯救金融危機，聯準會從 2008 年至 2013 年，總共執行四輪量化寬鬆政策（參見上頁表），第一次在 2008 年 10 月底開始實施，短短五個月內共計購買了 1.725 兆美元的政府債券、企業債與房地產抵押證券。此讓金融市場恢復運作，股市大漲 25%，但經濟面的復甦卻不明顯，因此，在 2010 年 11 月又推出第二次 QE，規模是買入 6,000 億美元的長期公債。

2-1 QE 實施，推升美股 S&P500 指數上漲

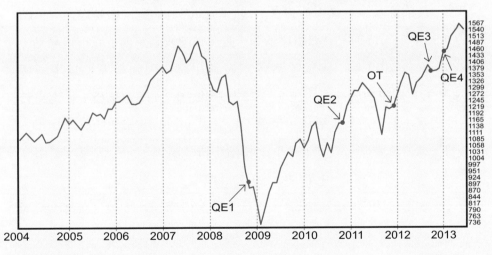

資料來源：MoneyDJ 理財網／iQuote，2004/1 ～ 2013/3

之後，QE 雖先暫停，但聯準會仍持續採取扭轉操作 OT（operation twist），也就是買進長期公債、賣出短期公債，金額共 6,670 億元，以引導利率維持低檔。但為進一步刺激經濟，聯準會在 2012 年 9 月又再次推出第三輪量化寬鬆，每個月買進 400 億元房貸抵押債券，同時，又宣布自 2013 年 1 月起加碼第四輪量化寬鬆，每個月再多購買 450 億元政府公債，也就是一年增加 1.02 兆資金。目前聯準會表示，QE3 與 QE4 是無限期實施，直到失業率降低至 6.5% 或通膨率超過 2.5% 為止。預估到 2013 年底，聯準會量化寬鬆共計撒出 4.17 兆美元。

QE 登場，美國股市強彈

美國 QE1 與 QE2，化解全球金融危機，美股與全球股市都強勁反彈，到 2010 年 12 月美股上漲 56%，新興市場指數上漲 117%（參圖 2-1）。但由於過多資金推升原物料價格飆漲，帶來通膨壓力，自 2011 年第二季之後，新興市場股市與原物料，在新興國家的緊縮政策下，反而面臨一波較大的修正階段。美國因為搭配了扭轉操作與後續 QE3、QE4，帶動美股繼續往前衝，並突破前波高點創下股市新高點。

進入 2013 年，美國經濟透露復甦訊息，因此市場總是不斷傳聞，QE 即將功成身退。在 5 月 22 日聯準會的利率會議後，柏南克首度表示，若經濟復甦順利，考慮 QE 退場。6 月 19 日更明確的指出，若失業率降到 7% 以下，聯準會將縮小買債規模，而且失業率若可降至 6.5%，可能在 2014 年中停止 QE 計畫。

聯準會明確的退場訊息，引起全球金融市場大地震，雖然 QE 尚未正式退場，但股票、債券市場，則開始煩惱資金退潮之後，究竟誰還能倖存呢？

認識 M1B 與 M2 的差異

　　媒體上經常報導「錢太多了，全球資金氾濫……」，相信看到這種新聞的小老百姓內心一定忿忿不平。「什麼嘛！明明我的薪水就沒增加，哪來的錢很多……？」

　　別誤會了，這裡所說的錢多、錢少，可不是指單一小老百姓的荷包厚薄，而是指整個市場上的貨幣供給額（Money Supply），也就是流通在市場上的通貨淨額。

貨幣供給額長期自然成長

　　貨幣供給額成長，可能來自於國內經濟成長、外匯存底增加的自然累積，或是資金大量流入所導致，也可能來自於經濟不景氣時，中央銀行採取寬鬆政策，例如降低存款準備率、或是買進長期公債釋出資金等。觀察貨幣供給額的變化，可以了解一個國家的經濟金融狀況。

　　從較長的歷史變化來看，近年來台灣貨幣供給額確實大幅成長（參圖 2-2）。2003 年底台灣貨幣供給額 M2 的總額是 21.36 兆元，到 2012 年底 M2 總額則跳升為 33.57 兆元，過去 10 年間增加了 12.21 兆元，成長幅度高達 57%，難怪我們要說，「錢真的增加太多了」。

2-2 台灣貨幣供給額 M2，目前達 34 兆元

單位：新台幣 10 億元

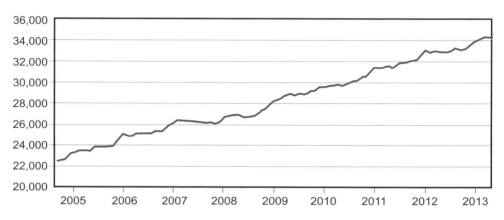

資料來源：XQ 全球贏家，統計期間 2004/1 ~ 2013/5

2-3 不同貨幣供給額的定義

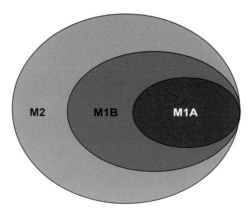

M1A ＝金融機構以外各機構持有通貨＋企業與個人在金融機構的支票存款與活期存款
M1B ＝ M1A ＋個人在金融機構的活期儲蓄存款
M2＝M1B ＋準貨幣（個人與企業在金融機構的定存與外匯存款＋郵政儲金＋企業及個人之
附買回交易餘額＋外國人持有之新台幣存款＋貨幣市場共同基金）

認識不同的貨幣定義

其中，我們根據貨幣的流動性高低，又給予貨幣供給額不同的專有名詞。包括了 M1A、M1B、M2 等不同定義的貨幣供給額（參圖 2-3）。

你不用害怕這些奇怪的名詞，只要搞懂一次就 OK 了。簡單的說，就是按照資金的流動性來定義，M1A 的流動性最高，M1B 居中，M2 涵蓋了流動性較低的資金。

舉個例子就很容易了解了。每個人在銀行都有存款帳戶，如果是活存帳戶、支票帳戶，利息最低，流動性最高，就屬於 M1A，活儲帳戶利息稍高一些，流動性也很高，屬於 M1B，如果是定存帳戶，若存款期間為一年，則一年內資金不會流動，這就屬於 M2。由於 M2 中包含了 M1B，M1B 中包含了 M1A，因此稱 M2 為廣義的貨幣供給額。

中央銀行資產負債表

資產	負債與淨額
· **國外資產** · **對政府債權** 　放款 　政府債券 · **對公民營事業機構債權** · **對金融機構債權**	· **準備貨幣（貨幣基數）** 　貨幣淨額 　準備金 · **政府存款** · **金融機構轉存款** · **央行發行單券（沖銷工具）** 　央行定期存單 　央行儲蓄券 · **其他項目淨額與淨值**

說明：1. 國外資產指外匯存底，當國家賺進的外匯增加或資金流入時，央行資產增加，通貨淨額也會增加。
　　　2. 當央行買入政府債券時，央行資產增加，此同時也釋出資金，通貨淨額會增加。

理財
秘技

02 資金的黃金交叉與死亡交叉

　　一般我們看到新聞媒體報導貨幣供給額高低，比較少提到絕對數量，主要是看成長率，也就是貨幣供給增加或是減少的**趨勢**。其中，究竟是活期資金成長快（或慢），還是定期資金成長快（或慢），以此來判斷資金增減或流動的方向。

　　我們常說，資金是股市的活水，有資金就可推升股價，沒有資金股價易跌難漲。當活期資金成長速度快時，代表資金流動性增加，不是增加消費、就是增加短期投資（如股票），因此，也可做為預估景氣與股市是否有成長動能的領先指標。

M1B 是股市動能的領先指標

　　當新聞報導指出「中央銀行最新公告，2012 年 12 月 M1B 年增率4.97%，M2 年增率 3.46%」，這個訊息顯示，不管是 M1B 或是 M2 都比去年同期成長，但是 M1B 活期資金成長速度，高於含有定存資金M2 的成長速度，顯示資金流動性增加。

　　通常只要 M1B 成長幅度高於 M2 成長幅度，我們稱為資金的黃金交叉，較有利於股市的多頭走勢；若是 M1B 成長幅度低於 M2 成長幅度，我們稱為資金的死亡交叉，則投資人要小心流動資金縮減，股市缺少資金推升力量。

M1B 成長率低於 M2，資金的死亡交叉

　　舉例來說，2007 年 7 月全球景氣還在高峰階段，台灣的 M1B 年增率卻出現成長減緩的現象，7 月時年增率為 10.19%，到 12 月時年增率竟出現 -0.03% 負成長，顯示流動資金動能大幅衰減。同時，12 月時 M2 年增率降為 0.93%，而 M1B 年增率還低於 M2，此為資金的死亡交叉。

　　這個資金退潮現象直到 2009 年 3 月出現改變。3 月份 M1B 有 7.27% 正成長，M2 也有 6.64% 正成長，且 M1B 成長率高於 M2，出現資金的黃金交叉。

2-4 M1B 成長率高於 M2，資金黃金交叉

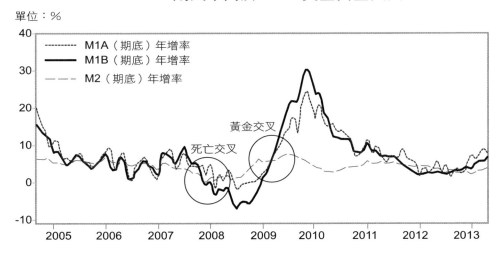

資料來源：XQ 全球贏家，統計期間 2004/1 ～ 2013/5

理財口訣

M1B 年增率高於 M2 年增率，資金的黃金交叉
M1B 年增率低於 M2 年增率，資金的死亡交叉

03 黃金交叉買進股票，死亡交叉賣出股票

　　資金是投資市場的領先指標，當資金流向出現改變，也暗示投資方向應該調整。一個簡單的投資法則，當資金出現黃金交叉時，顯示資金面有利於股市動能，投資人可以增加股票投資，但資金面出現死亡交叉時，顯示股市資金動能衰退，應該降低持股比重。

資金死亡交叉，台股從高點下跌

　　舉金融海嘯前資金變化為例，投資人可發現，資金流動方向已經預言股市空頭走勢即將來臨（參圖 2-5）。數據會說話，2007 年 8 月起 M1B 年增率漲幅縮減，到 2007 年 12 月出現負成長，顯示資金面有衰減趨勢。而台股前一波的高點出現在 2007 年 10 月，指數最高站上 9,859.65，之後 11 月、12 月、1 月出現連續三個月重挫，最低來到 7,384.61，跌幅高達 25%。

　　由於資金面 M1B 持續呈現負成長，而且一直低於 M2 成長率，顯示資金持續退潮。即使 2008 年初經濟基本面沒有太多惡化癥兆，但投資人如果注意到資金面變化而提高警覺，從年初開始降低持股，就可及早躲開 2008 年 10 月的金融海嘯。

資金黃金交叉，台股反彈漲一倍

　　如前面所述，資金面變化一直到 2009 年 3 月出現轉折，在央行寬鬆貨幣政策下，M1B 年增率終於突破 M2 年增率，而且之後 M1B

呈現快速增長現象，顯示資金動能強勁。台股也在 2009 年 2 月止跌，從 4,200 點展開強勁反彈，這波反彈行情一直衝到 2011 年 2 月的 9,220 點，漲幅高達 119%。

2-5 台灣 M1B 穿越 M2，股市有一波多頭走勢

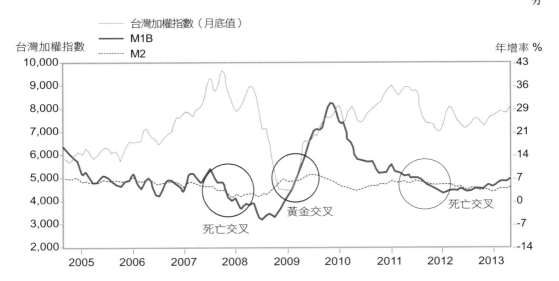

資料來源：XQ 全球贏家，統計期間 2004/1 ～ 2013/5

　　2011 年到 2012 年，台股出現長達二年的修正行情，這跟資金面變化也相當一致。從 2011 年 1 月起，M1B 成長率逐漸縮小，在 2011 年 9 月更出現資金的死亡交叉，這段期間台股持續下跌，最低指數來到 6,609 點。

　　資金退潮的走勢延續，直到 2012 年 9 月才再次出現黃金交叉，台股雖未立刻反彈，但 11 月起月線連續七個月收紅，投資人若在 9 月、10 月布局，也可買在相對低點。

之後到 2013 年 5 月，M1B 年增率持續高於 M2，台股行情也維持在 7,500 點到 8,000 點之間波動，雖然 M1B 成長幅度小，但若後續可搭配景氣訊號轉強，將有助於股市行情繼續加溫。

理財口訣 ---

資金黃金交叉，買進股票
資金死亡交叉，賣出股票

資金黃金交叉，
股票型基金可加碼

把投資眼光從台灣轉到全球市場，要觀察資金變化主要先觀察美國，畢竟美國是全球第一大 GDP 國家，也是規模最大的資本市場，看龍頭市場變化也可預言全球資金動向。

雷曼兄弟破產，資金面卻出現黃金交叉

美國自 2005 年後，M1 資金呈現持續縮小退潮現象，不過，在 2008 年 9 月雷曼風暴發生的當月，反而出現戲劇性的逆轉，當月資金面出現黃金交叉，M1 成長率高於 M2，顯示美國聯準會採取非常手段，化解金融危機。之後美國 M1 資金快速成長，也讓美股打底震盪，並從 2009 年 3 月起開始反彈回升（參圖 2-6）。

事實上，美國聯準會從 2007 年 9 月就開始降息，引導資金寬鬆，雷曼事件引爆金融風暴後，聯準會更加快降息動作，同時又推出 QE，讓 M1 成長率居高不墜。之後在四年時間內，三輪量化寬鬆政策與扭轉操作，共計釋出超過 3 兆美元資金。資金源源不絕供給，讓美股持續上漲，並突破金融海嘯前的高點。

進入 2013 年，資金面 M1 與 M2 成長率都開始縮小，不過 M1 年增率還維持在 10% 以上，再加上實施 QE3、QE4 每月釋出 850 億美元資金，同時聯邦基準利率仍維持在零利率水準，資金面仍然非常寬鬆，仍然有利於股市成長空間。

2-6 美國 M1 高於 M2，資金寬鬆，有利股市行情

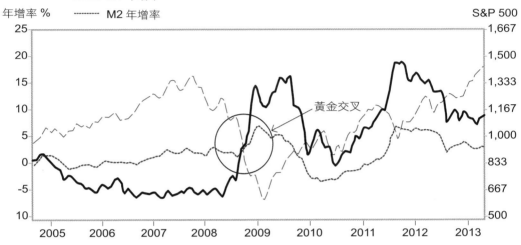

資料來源：XQ 全球贏家，統計期間 2004/1 ～ 2013/5

2-7 資金面處於黃金交叉，是股票基金最佳買點

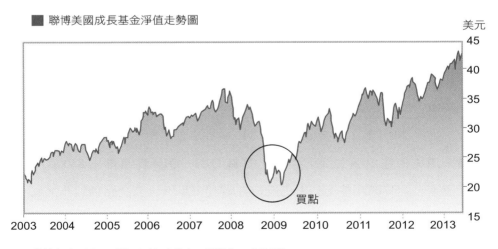

資料來源：MoneyDJ 理財網 / 基金，2003/1 ～ 2013/6

資金寬鬆，買進股票基金

投資人若跟著美國貨幣供給額的變化來做投資，當 M1 成長超越 M2 後，開始買進股票，至今仍是一個正確的選擇。舉一檔美國股票型基金的走勢為例（參圖 2-7），2008 年 9 月到 2009 年 3 月，股市正處在極度恐慌氣氛中，該基金淨值也在低檔震盪，但若能在這個階段布局買進該檔美國股票型基金，就可以買在股市相對低檔，四年下來報酬率高達 120%。

由於目前美國 M1 成長率仍高於 M2，資金面仍為黃金交叉，有利於股市發展，因此，美股基金應該可以繼續持有。若等未來 QE 退場，M1 與 M2 出現死亡交叉時，可以再進一步觀察當時的景氣環境而定，**若景氣持續上揚，可繼續持有股票，但若資金面趨緊、景氣面也出現過熱現象時，才是賣出股票的時間。**

美國貨幣供給額的定義為：
M1：民間持有的現金＋支票存款
M2：M1＋儲蓄存款＋10 萬美元以下定期存款＋個人持有貨幣基金餘額

資金指標，在非常時期危機入市

資金是股市的活水，但若要用 M1、M2 的變化來掌握投資契機的話，通常是在非常極端的環境下，可以發揮領先指標的效果，而在經濟穩定成長階段時，它的參考性反而比較低。

非常時機，危機入市好指標

投資人可以發現，每當發生經濟大衰退、或有金融風暴時，各國中央銀行不得不大量釋出資金，採取打強心針的方式來救市，因此，貨幣供給成長率會大幅增加。**當我們看到不管 M1 或 M2 成長率大幅成長時，就是預告資金潮來了，股市將有一波行情。**其中，若同時又看到資金黃金交叉出現，即使當時經濟景氣愁雲慘霧、企業裁員頻傳，但投資人仍然可以大膽進場，掌握危機入市的好時機。

但等到經濟危機降低後，中央銀行會先利用公開市場操作收回過多資金，接下來還會採取提高利率、提高存款準備率等手段，慢慢將資金收回，因此，通常在經濟穩定成長階段，會看到貨幣供給成長幅度持續縮小。

經濟回穩央行回收資金，別怕資金死亡交叉

若經濟成長復甦期，卻出現資金死亡交叉，投資人不要過度擔心。例如我們觀察美國從 2005 年到 2007 年三年時間，資金面都呈現 M1 成長率低於 M2 的死亡交叉狀態（參圖 2-6）。台灣的 M1B 與 M2 成長率，在

2005 到 2007 年間也多次出現黃金交叉與死亡交叉，且成長率都在 10% 以下低成長（參圖 2-5）。但從 2005 年到 2007 年，不管是美股還是台股，都仍呈現多頭走勢。

當景氣從衰退進入復甦階段，中央銀行不需要用非常手段刺激經濟，就會開始回收過度寬鬆的貨幣，此時很容易出現 M1 成長率快速縮小現象。由於景氣還在加熱階段，企業獲利持續成長，因此，投資人不需要過度擔心資金流動性問題。

但是若景氣持續成長，甚至出現過熱現象，讓中央銀行開始踩剎車，不僅收回過剩資金，甚至開始積極拉高利率時，此時，M1 成長率縮小甚至負成長，而 M2 卻開始成長，並出現死亡交叉，這個時候投資人就要提高警覺。因為，央行的強力收縮，代表景氣過熱後的緊縮，不利股市後續發展。

QE 退場的風險

由於 2012 年美國經濟成長動能逐漸恢復，因此，聯準會內部會議多次爭議，量化寬鬆政策是否該退場了？而投資市場也如驚弓之鳥，擔心萬一 QE 退場，將對股市與經濟帶來重大衝擊。在 2013 年 5 月聯準會首度表明 QE 退場的條件說之後，金融市場立刻掀起一波巨浪。全球公債殖利率飆升、新興股市大跌、非美元貨幣貶值，黃金暴跌。金融市場的恐慌性反應，令人擔心 QE 退場也是全球金融市場黑暗期來臨。

其實，若 QE 真的停止，表示美國經濟動能復原，不需要聯準會採取過度寬鬆的急救措施，對於經濟景氣反而可更樂觀期待。一旦 QE 停止後，還要搭配利率變化觀察。一般從 QE 退場到第一次升

息，至少需要經過一段時間，而即使利率開始調升，也顯示景氣持續復甦，不需要立刻對景氣過度悲觀。

從過去經驗來看，QE 退場、利率攀升，雖有資金緊縮效應，但若景氣復甦順利，則股市仍可呈現健康走勢，從 2005 到 2007 年股市多頭走勢可以應證。不過，QE 退場的預期，讓國際資金大量流入美元資產，對新興國家產生資金外流、貨幣貶值的壓力，也是後續值得觀察的風險。

INFO.

台灣貨幣供給額到哪裡查？

中央銀行全球資訊網→統計資料→金融統計→金融統計月報→貨幣總計數

http://www.cbc.gov.tw/public/data/EBOOKXLS/019_EF17_A4L.pdf

經濟指標 3

匯率

資金流向哪裡去？

日圓大貶，引爆貨幣戰爭

　　日本新任首相安倍晉三 2012 年 12 月 26 日一上台，就對全世界掀起一場不見彈藥血腥，但殺傷力十足的貨幣戰爭。安倍晉三在競選時就提出大膽的政策主張，希望日圓大幅貶值，同時還要大規模擴大政府支出，以求任內讓長期通縮的日本，達到 2% 的通膨目標。

　　全世界很少有首相或總統，立場鮮明的表達對匯率的看法，而安倍晉三當選後激進的匯率政策，未獲得日本央行總裁白川方明的認同，憤而在任期屆滿前提早遞出辭呈，而由與安倍晉三立場一致的黑田東彥，就任新任央行總裁。

　　不費一兵一卒，光是口水喊話，日圓從 2012 年 11 月中旬突破 1 美元兌 80 日圓後一路貶值，到安倍晉三就任時，已經貶到 85.6 的價位，而在新任央行總裁就任後日圓更順勢走貶，到 5 月底收 100.38。在七個月內，日圓貶值幅度超過 20%，貶幅驚人（參圖 3-1）。

　　由於日圓大貶、讓日本出口產業出現轉機曙光，原先低迷不振的日本股市也出現反彈行情，日經指數從 2012 年 11 月初 8,931 點一路狂奔，到 2013 年 5 月最高衝上 15,942 點，漲幅達 78.5%。

　　日圓大貶，引起所有國家對日本發動貨幣戰爭給予撻伐與警戒，包括歐洲央行表示對於日圓貶值的關注態度，中國、韓國等也紛紛表示關切，唯有美國態度曖昧，似乎默許日圓貶值。

　　不過，5 月底時因為美國聯準會表示，若經濟穩定復甦不排除讓 QE 開始退場，讓全球投資市場大震盪，此也造成日圓轉貶為升與日本股市重挫的反應。不過從政府態度與趨勢看來，日圓仍朝向貶值方向發展。

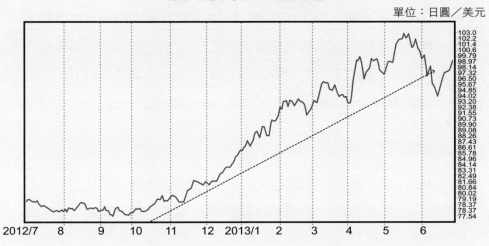

3-1 日圓七個月內貶幅超過 20%

單位：日圓／美元

資料來源：MoneyDJ 理財網 /iQuote，統計期間：2012/7 ～ 2013/6（日線圖）

　　當然，日圓貶值對日本經濟發展也產生二極效應，如 2013 年第一季，日本貿易出現大額逆差，但經濟成長率卻出現 4.1% 的大成長。而未來日圓究竟還有多少貶值空間？其他國家是否也將採取貨幣競貶？最終對產業衝擊如何，目前還是現在進行式，我們只能繼續看下去了。

事件 2
美元指數，從低點步步高升

　　日本首相安倍晉三高聲疾呼讓日圓貶值救經濟，這樣高調的主張，在國際市場上引發不小的批評聲浪，但其實美國在 2000 年科技泡沫之後，為了救經濟，也採取積極讓美元貶值的做法，因此，美國才是發動貨幣戰爭的始作俑者。

　　我們如果觀察美元指數的走勢，2001 年最高點是 120，之後一路走貶，到 2008 年最低到 70 附近，美元在八年間對主要貨幣貶值幅度達 41.67%，而這段期間歐元兌美元升值近 100%。最終美國引爆房市泡沫，歐洲產生歐豬五國債務危機。由此可知，美國貨幣戰爭引發的漣漪也是相當驚人（參圖 3-2）。

美元貶值八年，目前趨勢是否轉變？

　　不過，在經過八年空頭走勢之後，目前美元指數卻呈現逐步走高的態勢。在美國財政懸崖危機有轉圜空間、歐債危機範圍縮小下，國際金融風險降低，造成金價暴跌，資金重新擁抱美元。再加上美股創高、吸引資金流入，還有日圓貶值引發各國貨幣競貶態度，都讓美元呈現較為強勁的走勢。因此，未來美元是否一改貶值走勢，反而成為超強貨幣，也值得觀察了。

3-2 美元指數從 2011 年起步步高升

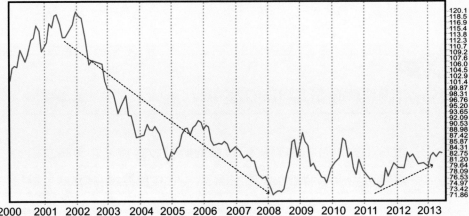

資料來源：MoneyDJ 理財網 /iQuote，統計期間：2000/1 ～ 2013/6

貨幣升貶，該怎麼計算漲跌幅？

　　一般人平常很少注意匯率問題，只有出國旅行換外幣時，才會感受到匯率升貶的影響。舉例來說，如果去年1月，1美元可兌換30元新台幣，那麼一趟美國旅行預估花2000美元的話，等於是60000元新台幣。但是如果今年1月，1美元可兌換35元新台幣，表示需要花70000元新台幣，才能換到2000美元。由於今年要用更多的新台幣換取等額的美元，就表示這段期間美元升值、新台幣貶值了。

　　從上述的例子可知，匯率是一個相對關係，就像翹翹板的二端，當一個貨幣升值時，代表的是另一個貨幣貶值。而匯率永遠是動態的關係，沒有貨幣永遠升值，也沒有貨幣永遠貶值。由於目前國際市場以美元為主要貨幣，因此，**我們要掌握的是，各國貨幣與美元之間升值或貶值的趨勢，以及波動的價格區間。**能掌握這二個原則，對於個人理財、消費，都會有不小的幫助。

全世界貨幣，都跟美元兌換

　　目前全球最主要的國際貨幣是美元，因此，各國貨幣是升值還是貶值，大多是看美元與該貨幣的關係而定。由於大多以1美元兌換多少外國貨幣來表示，因此，**兌換數字越大表示美元升值、外幣貶值，數字越小表示美元貶值，外幣升值。**例如，以1美元兌30元新台幣為基準，若近期1美元兌28元新台幣（數字變小），表示美元貶值、台幣升值，若1美元兌32元新台幣（數字變大），表示美元升值、台幣貶值。

● 貨幣升貶幅度，該怎麼計算？

2012/1/1，1 美元＝ 30 元新台幣（舊匯率）
2012/12/31，1 美元＝ 28 元新台幣（新匯率）

1 美元的升貶幅度
＝（28 － 30）÷30×100%
＝ -6.66%
美元兌新台幣，貶值 6.66%
計算公式：（新匯率－舊匯率）÷ 舊匯率 ×100%

1 新台幣的升貶幅度
＝（1/28 － 1/30）÷（1/30）×100%
＝（30 － 28）÷28×100%
＝ 7.14%
新台幣兌美元，升值 7.14%
計算公式：（舊匯率－新匯率）÷ 新匯率 ×100%

　　從前面的計算公式可知道，當美元貶值代表新台幣升值。而以美元為基準，所計算的貨幣升貶幅度，與以新台幣為基準，所計算的貨幣升貶幅度，會有一些差異。

交叉匯率該怎麼算

　　國際貨幣報價主要是與美元的兌換關係，而其他二種貨幣彼此之間的兌換關係，則根據與美元的交叉匯率來換算。例如，1 美元兌 30 元新台幣，同時 1 美元兌換 95 日圓，表示，新台幣與日圓的交叉匯率為 3.167。

● 交叉匯率計算方法：

1 美元＝ 30 元新台幣
1 美元＝ 95 日圓
1 元新台幣 =95 日圓／ 30 新台幣＝ 3.167 日圓

歐元、澳幣匯率，報價方式不同

由於美元是國際主要貨幣，大部分的匯率表示方式，多是以 1 美元兌換多少其他貨幣來表示，如 1 美元：30 新台幣，或是 1 美元：95 日圓，此稱為間接報價。但是，國際金融市場上，有四種貨幣的匯率表示方式卻相反，例如，歐元、英鎊、澳幣、紐幣等，採取直接報價。一般呈現是 1 歐元：1.3 美元，或是 1 澳幣：1.03 美元。由於呈現方式與大部分貨幣相反，投資人要特別注意。

舉例來說，2013 年 3 月初時，歐元 1.3033，新台幣 29.55，這通常代表 1 歐元兌換 1.3033 美元，1 美元兌 29.55 新台幣，所以，歐元兌新台幣的匯率是 38.513。

● 歐元兌新台幣匯率計算方式：

以 2013/3/1 的匯率為例：
1 歐元＝ 1.3033 美元
1 美元＝ 29.55 新台幣
1 歐元＝ 1.3033×29.55 ＝ 38.513 新台幣

和前幾年歐元大漲年代相比，目前歐元已經貶值不少。舉例來看，2008 年 7 月，歐元兌美元匯率最高達 1.6039，當時台幣匯率為 30.59，換算下來歐元兌新台幣為 49.06 元。若 2008 年去法國玩花

2000 歐元，等於 98,120 元新台幣。如果 2013 年 3 月去法國玩，由於歐元貶值、台幣升值，只需要 77,026 元新台幣，省下快 2 萬元，可多買一個包包了。

● 如何計算歐元兌新台幣匯率變化？

2008/7/1
1 歐元 = 1.6059 美元
1 美元 = 30.59 新台幣
1 歐元 = 1.6059×30.59 = 49.06 新台幣

2013/3/1
1 歐元 = 1.3033 美元
1 美元 = 29.55 新台幣
1 歐元 = 1.3033×29.55 = 38.513 新台幣

2008/7/1　2000 歐元 ×49.06 = 98,120 新台幣
2013/3/1　2000 歐元 ×38.513 = 77,026 新台幣

匯率升值，買進該國股票

　　影響匯率的因素非常多，包括貿易順逆差、企業對外投資、外國企業對內投資、短期性金融資產移動……等。一般而言，一個國家經濟力越強、貿易順差越大、外匯存底越高、外國企業對內投資越多、熱錢流入越多，貨幣就越容易升值。

　　2003 年之後，新興國家崛起，金磚四國創造的高成長奇蹟，受到國際市場的矚目，而這些國家在這段期間內，匯率都出現大幅升值的走勢。舉例來說，金磚四國中的印度在 2003 年 1 月的匯率是 1 美元兌 47.795 印度盧比，可是到 2007 年 11 月時，卻變成到 1 美元兌 39 印度盧比，五年內印度盧比升值幅度達 22.55%（參圖 3-3）。

3-3 美元兌印度盧比匯率

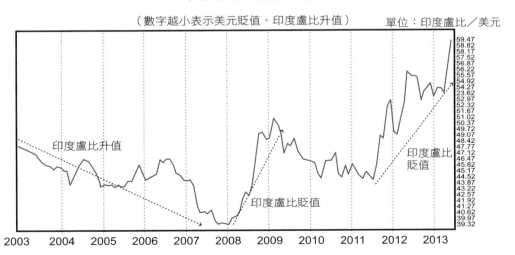

（數字越小表示美元貶值、印度盧比升值）　　　　單位：印度盧比／美元

印度盧比升值

印度盧比貶值

印度盧比
貶值

2003　2004　2005　2006　2007　2008　2009　2010　2011　2012　2013

資料來源：MoneyDJ 理財網 /iQuote，統計期間：2003/1 ～ 2013/6

　　不過，2008 年景氣下滑，再加上金融海嘯，1 美元兌印度盧比的匯率，在一年內，從 39.270 貶到 48.820，印度盧比貶值幅度達 19.56%。由此可見，新興國家匯率波動之劇烈。

● 印度盧比兌美元的升貶計算：

2003/1/1　　1 美元＝ 47.795 印度盧比
2007/11/30　1 美元＝ 39 印度盧比
（47.795-39）÷39 ＝ 22.55%
印度盧比兌美元，升值 22.55%（美元兌印度盧比貶值）

2008/1/1　　1 美元＝ 39.270 印度盧比
2008/12/31　1 美元＝ 48.820 印度盧比
（39.270 － 48.820）÷48.820 ＝ -19.56%
印度盧比兌美元，貶值 19.56%（美元兌印度盧比升值）

3-4 印度盧比升值期間，印度股市大漲

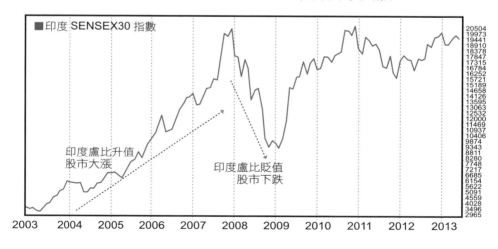

資料來源：MoneyDJ 理財網 /iQuote，統計期間：2003/1 ～ 2013/6

通常，一個國家經濟景氣熱絡、資金匯入，會帶來匯率升值，此同時也會帶動股市成長。在 2003 年至 2007 年底，印度股市從 3383 點，大幅上漲至 20287 點，漲幅高達 499%。因此，**投資人只要跟著匯率升值的國家去做投資，大致上都不會錯的**（參圖 3-4）。

但是，2008 年印度匯率貶值，印度股市也從年初 20325 點，下跌至 9647，跌幅達 52.54%，跌幅之重，也讓人從天堂跌到地獄去。由此可知，當一個國家貨幣大幅貶值時，應該要避開該國股市。

例外的案例：日本匯率升、股市跌，匯率貶、股市升

一般而言，匯率升值的國家，股市會上漲，匯率貶值的國家，股市會下跌，但是，2007 年之後的日本股匯市變化卻不太一樣。2007 年下半年起日圓兌美元從 124 元開始走升，直到 2011 年最高來到

3-5 美元兌日圓匯率，2007 年以來日圓大幅升值

單位：日圓／美元

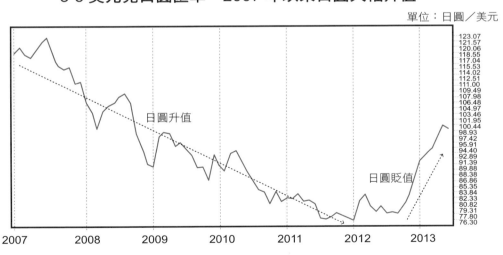

資料來源：MoneyDJ 理財網 /iQuote，統計期間：2007/1 ～ 2013/6

3-6 日本股市長期低迷，2013 年後強勁反彈

■ 日經 225 指數

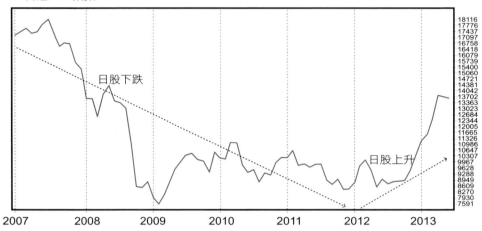

資料來源：MoneyDJ 理財網 /iQuote，統計期間：2007/1 ～ 2013/6

75.54 元，匯率大幅升值，衝擊了以出口為主的產業，也造成日本股市持續下跌。總計日本在 2007 年到 2011 年之間，匯率升值 63.72%，股市下跌 55.54%。

　　直到 2012 年底日本新首相安倍晉三發動貨幣戰爭，讓日圓大貶，才讓日股展開一波強勁走勢。而未來日股的走勢也與匯率變化息息相關，當日幣不再貶值時，日本股市的風險也將升高。

理財秘技 03

看懂台灣 9A 總裁，新台幣防線

　　新台幣應該升值還是貶值好呢？被譽為 9A 央行總裁彭淮南的一言一行，總是牽動著新台幣的匯率。而最常與 9A 總裁槓上的人，就是台灣企業龍頭台積電董事長張忠謀。張忠謀多次在公開場合嗆聲，新台幣的貶值幅度不如韓圜，讓台灣廠商競爭備受壓力。究竟 9A 總裁做的對，還是全球晶圓龍頭說的對呢！

　　對小老百姓來說，美元兌新台幣匯率是 29 元、還是 30 元，好像差別不大。可是對年營收超過 5000 億元的台積電而言，1% 的匯率波動代表的是 50 億元以上的營收變動，當然事關重大。特別是像鴻海這類以代工為主的企業，稅後淨利只有 2 ～ 3%，1% 的匯率變動所造成的影響更是重大。

台幣貶值，出口商樂、進口商苦

　　由於台灣是出口導向的經濟體，如果新台幣貶值，台灣廠商對外報價就比較有競爭力，因此，幾乎大部分出口廠商，都希望新台幣貶值。特別是與韓國有直接競爭的業者，都期待新台幣貶值。而前幾年日圓大幅升值，導致日本廠商出口競爭力大幅衰退，而不得不在台灣或東南亞尋求設廠據點，就是這個原因。

　　不過，事情總是一體二面，匯率升貶有人受益、有人受害。新台幣貶值，讓出口廠商競爭力增強，但對進口業者則是負擔加重。例如台灣仰賴石油進口，若新台幣貶值，油價進口成本大增，進而帶動所

有石化相關產品經營成本升高、獲利降低，也同時造成台灣內需消費物價上漲壓力。

因為匯率升貶讓幾家歡樂幾家愁，因此，中央銀行只能盡量讓新台幣控制在一個區間內波動，降低匯率大幅震盪的風險。而央行總裁的新台幣防線設在哪裡呢？我們可以追蹤過去新台幣走勢，來掌握重要防線。

台幣長期在 29 ～ 35 間波動

從過去十五年的匯率走勢觀察，美元兌新台幣價位大多在 29 元到 35 元的區間內震盪，1997 年最高到 28.4 元，2001 年最低到 35.4 元。在 2009 年初金融海嘯期間最低到 35.236，而 2011 年初升值最高到 28.475。但大部分的時候，新台幣多在 30 到 33 元的區間內波動（參圖 3-7）。

既然，有中央銀行總裁幫大家守住新台幣價格區間，投資人就可以設定換匯的好價格。因此，當美元兌新台幣越接近 30 元，或是低於 30 元以下，都是拿新台幣去買美元的好時機，而若高於 34 元以上，反而是賣出美元買進新台幣的好時機。不過，受到亞洲貨幣升值趨勢帶動，2011 年以來，新台幣主要在 29 到 30 間波動，台幣區間是否變動，仍要持續追蹤。

若能謹守此原則，在價位對的時間多儲備一些美元資產，則進行外幣存款或是海外基金投資時，就不用擔心，賺到利息或股價，但卻賠掉匯差的問題了。

另外，若追蹤新台幣匯率與台股走勢的關係，也會發現，當新台幣持續升值的階段，台股呈現多頭走勢，而當新台幣大幅貶值階段，則台股為空頭走勢（參圖 3-8）。

3-7 美元兌新台幣匯率，在區間內波動

單位：新台幣／美元

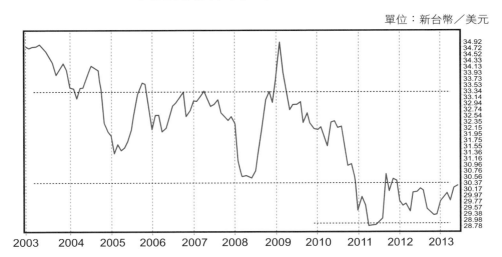

資料來源：MoneyDJ 理財網 /iQuote，統計期間：2003/1 ～ 2013/6

3-8 台幣升值時期，台股上漲；台幣貶值，台股下跌

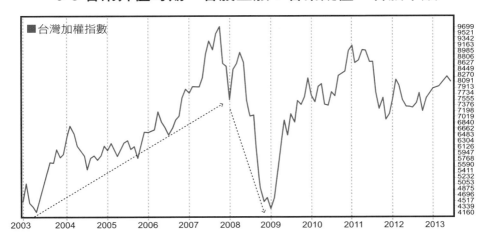

資料來源：MoneyDJ 理財網 /iQuote，統計期間：2003/1 ～ 2013/6

掌握貨幣價格區間，買低賣高

從前面美元兌新台幣的價格區間，就可以了解，貨幣與貨幣之間的兌換，其實是有跡可循的。因此，如果平常有做外幣定存或外匯投資的人，應該要掌握幾個主要貨幣之間的匯率波動區間，可以讓外匯投資的報酬率提升。

舉例來說，澳幣屬高息貨幣，也是許多台灣定存族的最愛。過去十年來，買澳幣可說是匯率、利息二頭賺。在金融海嘯期間，澳幣匯價也出現重挫，從 1 澳幣兌 0.9850 美元，跌到 1 澳幣兌 0.6343 美元，所幸海嘯後迅速回升，還衝上 1.1080 歷史新高。但 2013 年 5 月澳幣跌破 1 元重要支撐，澳幣貶值趨勢確認，投資人要注意風險（參圖 3-9）。

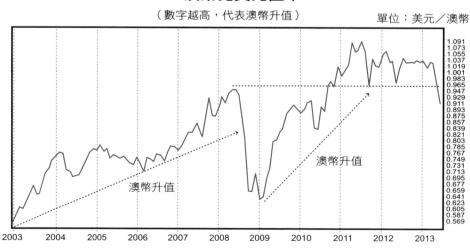

3-9 澳幣兌美元匯率
（數字越高，代表澳幣升值）　　　　　　　單位：美元／澳幣

資料來源：MoneyDJ 理財網 /iQuote，統計期間：2003/1 ～ 2013/6

　　以原物料出口為主的澳洲，幣值與國際經濟景氣關聯性高，若景氣不佳、出口不振，央行採取降息動作，自然讓澳幣匯價受到壓抑。而若景氣復甦明確、甚至澳洲央行開始升息，則對於澳幣匯價會有較強的支撐。

　　在金融海嘯後，有一波原物料的強勁需求，讓澳幣匯價上漲，但由於通膨升高，讓澳洲央行將銀行間現金利率，從 3% 升到 4.75%，這段期間澳幣持續升值，最高在 2011 年 7 月衝到 1.1080 的歷史新高。

　　但 2011 年後全球景氣仍有許多變數，特別是中國需求疲弱，造成原物料價格持續向下修正，澳洲出口大受衝擊。由於景氣下滑，澳洲央行從 2011 年 11 月起開始降息，至 2013 年 5 月**共降息七次**，目前現金利率 2.75%，為近 20 年來新低紀錄。而受此影響，**澳幣也從高檔大幅貶值**，至 2013 年 6 月底跌至 0.9109 近二年半新低點。

　　由於全球原物料需求疲弱，原物料價格還未止跌，澳洲經濟難以立即復元。市場預估在原物料需求未上升前，澳洲央行仍有繼續降息機會，因此，澳幣匯率還有下修空間。至於，澳幣何時可止跌？主要仍要觀察澳洲央行不再降息，甚至開始升息時，才是澳幣多頭重現的時機。

人民幣會成為超強貨幣嗎？

　　2013 年 2 月農曆春節前，台灣金融機構正式開辦人民幣存款業務，為了吸引存款大眾，多家銀行推出了年息 3% 的高利方案，讓民眾趨之若鶩，短短幾天內就吸收到 10 億人民幣存款。許多人都認為，人民幣長期升值再加上高利息，利率、匯率二頭賺，真好！

　　人民幣原先採取釘住美元固定匯率的政策，在 2004 年之前幾乎是維持 1 美元兌 8.2899 元人民幣的匯率不動，但 2005 年後，在美國強烈壓力下，人民幣開始了長期升值走勢，到 2013 年 4 月 10 日匯價首次升破 6.20 元，8 年的時間內，人民幣升值幅度達 33.7%（參圖 3-10）。

3-10 美元兌人民幣匯率，人民幣持續呈現升值走勢

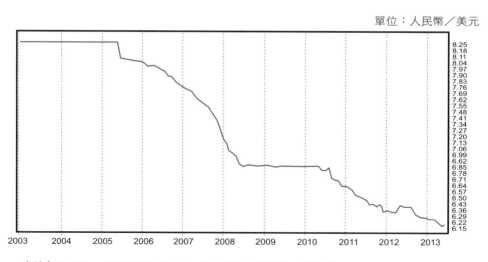

單位：人民幣／美元

資料來源：MoneyDJ 理財網 /iQuote，統計期間：2003/1 ～ 2013/6

過去美國譴責中國操控匯率，讓人民幣價值低估，造成鉅額的貿易順差。在美國強烈壓力下，近年人民幣持續升值，也對中國出口產業帶來一些衝擊。中國的經常帳貿易順差，從 2008 年最高 4,300 億美元，降到 2012 年不到 2,000 億美元的水準。此外，過去外國企業到中國投資設廠的腳步，在中國勞動成本升高、人民幣升值後，也開始減緩，因此，資金長期流入的現象有些改變。

人民幣持續升值走勢，邊走邊看

雖然目前中國逐漸放寬金融管制，增加外資機構法人資金進入中國市場，也擴大海外人民幣債券業務等，慢慢推動人民幣國際化的腳步。但畢竟只是初步開放階段，中國官方內部控制力量仍強，所以未來人民幣是升是貶，較難從經濟基本面或是國際市場經驗推估，投資人只能邊走邊看了。

就趨勢而言，目前人民幣仍呈現升值走勢。不過，按照過去所有國家的經驗，當幣值持續升值，最終會帶來房市泡沫、股市泡沫與產業結構的大修正，因此，也不能不謹慎小心了。

台幣升值，怎麼避免海外基金賠匯差？

全球資金移動快速，進行海外投資非常普遍，我們即使只在銀行做簡單的外幣定存，或是買一檔海外基金，由於對外投資，牽涉到匯率兌換，如果新台幣呈現升值走勢時，進行海外投資會產生匯率損失。

舉例來說，過去幾年全球生技股搶搶滾，如果投資生技基金三年下來應有不錯的報酬率，但有些投資人卻感覺，實際上怎麼沒賺那麼多。例如投資富蘭克林坦伯頓全球投資系列生技領航基金三年，用美元計算報酬率是 74.01%，但若換算成新台幣報酬率則只有 62.11%，整整少了 11.9%。

投資海外基金，原幣報酬率與台幣報酬率不同

基金名稱	原幣 3 年報酬率 (%)	台幣 3 年報酬率 (%)
富蘭克林坦伯頓全球投資系列生技領航基金美元 A(acc)	74.01	62.11
德盛德利全球生物科技基金	61.11	43.11
瑞銀（盧森堡）生化股票基金（美元）	59.54	47.71
駿利資產管理基金 - 駿利環球生命科技基金 A 美元累計	49.54	38.45
新加坡大華全球保健基金 -USD	39.41	29.07

資料來源：MoneyDJ 理財網／基金，統計至 2013 年 2 月 28 日

　　最主要的原因是，這段期間新台幣匯率從 32 元升值到 29 元附近，漲幅超過 10% 以上，因此，即使海外生技股大漲，但若最終賣出基金換回新台幣時，報酬率就會大打折扣。

　　要降低匯率風險，比較好的方法是用外幣帳戶直接做海外投資，降低匯率轉換的風險。例如，每當新台幣升值接近 29 元時，就買入一些美元，增加美元帳戶的資金規模。而每次進行海外投資時，直接用美元買海外基金，賣出時資金也回到美元帳戶，就可以降低匯率波動的風險。

　　當然，匯率是一體二面，當新台幣升值時，投資海外基金會有匯率損失，但是當新台幣貶值時，投資海外基金反而可以賺到匯率升值的收益。整體而言，平常多注意新台幣與美元的變化關係，在新台幣接近歷史高檔區時多買入美元，就可以有效的降低匯率風險了。

買海外基金，計價幣別有差嗎？

　　另外，投資人在購買海外基金時，還會產生一個困擾，就是「究竟該買什麼計價幣別的基金呢？」

　　一般我們看基金報酬率時會發現，同一支基金因為計價幣別不同，而產生報酬率高低差異，有時候歐元計價的基金報酬率普遍比較好，有時候美元計價的報酬率比較好。投資人可能一頭霧水，不知道該怎麼挑？

　　其實，同一支基金卻發生計價幣別不同、報酬率高低不同，原因當然是出在匯率上，但並不是報酬率高的，就會賺得比較多，投資人可不要被誤導了。

不同幣別報酬率不同，答案是匯率變動

　　舉例來說，富達新興市場基金若買進美元計價基金，投資三年報酬率 19.17%，但若買進歐元計價基金，投資三年報酬率 23.09%。乍看之下，買進歐元計價比較好，但殊不知，這段期間歐元兌美元貶值了 4.41%，扣掉歐元匯率的損失，其實就相當於美元計價的報酬率。

　　同樣的，這檔基金換算成台幣計價時，報酬率只剩下 10.52%，原因就是這段時間新台幣兌美元升值 7.35%，所以美元報酬率扣掉新台幣升值匯損，就是台幣報酬率。

以不同幣別購買富達新興市場基金，3 年報酬率的差異

	歐元計價	美元計價	台幣計價
3 年報酬率 （統計至 2013/3/8）	23.09%	19.17%	10.52%
匯率 （統計區間 2010/3/8 ～ 2013/3/8）	1.36 → 1.30 （歐元兌美元， 貶值 4.41%）		31.88 → 29.696 （台幣兌美元， 升值 7.35%）

資料來源：MoneyDJ 理財網／基金，統計至 2013 年 3 月 8 日
說明：因為匯率計算基準不同，數據會有小幅誤差，僅供作為參考

減少匯率兌換，才是最佳策略

目前市場上銷售的基金，計價幣別越來越複雜，同一檔基金有美元、歐元、歐元避險、澳幣、澳幣避險、日圓、日圓避險⋯⋯，看得投資人眼花撩亂。其實，這只是為讓民眾減少匯率風險而設計，例如，原先就有美元的人，可買美元計價基金，原先有歐元或澳幣的人，可買歐元、澳幣計價基金。其目的是為了降低匯率風險，而不是讓原先持有新台幣的投資人，去猜測哪種貨幣會升值。

總而言之，**同一檔基金不會因為計價幣別不同，而有報酬率差異**，投資人看到報酬率不同，只因為持有期間匯率變動，所產生的計算基準不同。而**降低匯率風險最好的方法，就是用美元買進美元計價基金，用歐元買進歐元計價基金。**

至於，美元與歐元買進的價位好不好，就如前面所述，每次接近該貨幣的歷史低檔區時，就是最好的買進點。平常多準備，等到要投資時，就不用煩惱匯率的問題了。而大部分的海外基金都用美元計價，所以，一般投資人平常只要多儲備美元就可以了。

經濟指標 **4**

經濟成長率

成長或是衰退？

事件 1
泰國 2012 年第四季，經濟成長率 18%

泰國政府在 2013 年 2 月，公布 2012 年第四季經濟成長率為 18%，這個亮麗的數字，是泰國自 1993 年統計以來的最高數據，而泰國 2012 年全年經濟成長率為 6.4%，也交出了漂亮的成績單。

由於經濟面的強勁表現，泰國股市 2012 年全年漲幅高達 34%，並突破歷史高點創下新高紀錄。如果去年勇於搶進泰國基金的投資人，因為泰國股市大漲，泰國基金報酬率高達 30%，確實讓投資人笑哈哈。

不過，讓泰國單季出現高達 18% 的成長率，主要是因為 2011 年 7 月，泰國南部連續暴雨並引發嚴重水患，造成 3 百多人死亡，2 百多萬人受影響，甚至首都曼谷也泡在水中。而一些國際大廠在泰國工廠因受到衝擊，而不得不減產或停止供貨，當時，一些日本硬碟廠受到嚴重損害，還造成硬碟價格短期飆漲的現象。

由於受到洪災衝擊，比較基期偏低，所以才造成泰國 2012 年第四季的高成長。這也凸顯了經濟成長率的特性與迷思，當遇到最壞的事情之後，未來反而會出現最好的事。所以我們常說，「買在最壞、賣在最好」，是投資市場不變的真理。

泰國股市去年飆漲，當然不僅是因為泰國水患的原因，由於中國市場生產成本升高，近年有更多國際企業轉進東協國家設廠，帶動當地經濟成長，再加上東協自由貿易區的推動，與金融海嘯後各國的經濟刺激方案，都帶動了區域內經濟成長。

泰國去年全年經濟成長率達到 6.4% 水準，而預估 2013 年仍可維

持在 4.5 ～ 5.5% 的成長水準，雖然正成長，不過由於今年成長幅度較去年低，再加上今年以來國際資金對泰國股市從買超轉為賣超，泰銖也大幅貶值，泰國股市今年是否仍有去年的亮麗表現，可能要更為謹慎一些了。

事件 2
美國財政懸崖未墜，美股創新高

原先預計 2013 年將面臨財政懸崖危機的美國，不僅順利跨入 2013 年，沒有發生擔心的墜崖事件，同時美股還氣勢如虹，道瓊指數與 S&P500 指數，在 4 月份突破歷史新高紀錄，美國真的跨越風險，未來一片坦途嗎？

美國財政懸崖一詞，最早是由美國聯準會主席柏南克提出，意指到 2012 年底，美國政府金融海嘯後實施的減稅優惠措施到期，同時 2013 年國會也將啟動自動減赤機制，讓美國財政支出如懸崖般陡然直線下降，因此稱為財政懸崖（Fiscal Cliff）。

由於政府支出減少、減稅優惠取消、進而影響民眾消費能力，整體衝擊範圍達 6,000 億美元，約佔美國 GDP 規模 4%。若真發生，將對今年美國經濟成長帶來重大衝擊，經濟成長可能陷入衰退。

然而，在跨越 2013 年之際，國會首先通過對年所得 40 萬元以上富人加稅，此外財政支出協商因二黨未達成共識，因此，3 月 1 日美國總統歐巴馬，簽署了自動減支法案，未來十年美國必須刪減 1.2 兆美元支出，而今年的刪減金額是 850 億美元。

　　由於今年影響金額有限，再加上增稅與減支同時進行，美國今年第一季財政赤字，已出現縮減的正面訊息。此外，景氣逐漸復甦、企業獲利成長，讓 S&P 500 企業交出不錯的獲利成績單，也推升美股創新高。

　　不過，美國財政減支規模與方向，二黨仍在角力戰中，後續衝擊仍未可知，而美國失業率還維持在高水準，美國經濟風險未完全去除，因此，聯準會也表示，將持續實施貨幣寬鬆政策。

　　儘管有這麼多風風雨雨，2012 年美國經濟成長率有 2% 正成長，預估 2013 年仍可維持正成長，美國股市沒有因財政懸崖而墜崖，反而走出了一段意想不到的大行情。

01 GDP 成長率升高，景氣擴張期

　　衡量一個國家的經濟力，最簡單的指標是國內生產毛額（Gross Domestic Product，簡稱 GDP），這是指一個國家一年內產出的所有商品與勞務的總價值。根據國際貨幣基金會（IMF）2012 年 10 月的預估，目前全球一年的 GDP 規模約 71.1 兆美元左右，其中排名第一的是美國，GDP 規模達 15.65 兆美元，第二名是中國有 8.25 兆美元，第三是日本 5.98 兆美元，第四是德國 3.37 兆美元，第五是法國 2.58 兆美元。前五大國 GDP 規模占全球一半，由此可見，這五個國家的經濟好壞，左右了全球的經濟景氣（參圖 4-1）。

4-1 全球前十大 GDP 國家排名

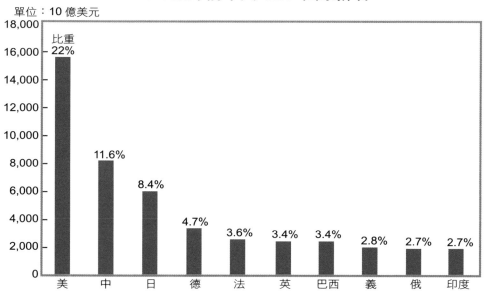

單位：10 億美元

資料來源：IMF、經建會，統計時間 2012 年 10 月
製表繪圖：高寶書版編輯部

前五大國，占全球 GDP 一半

過去，美、日、德、法、英，主導全球經濟，但近年來新興國家崛起，排名逐漸擠入前十名。例如，中國目前已經超越日本，擠入第二名，而巴西、俄羅斯、印度，也已經排入前十大經濟體了。由此可見，世界經濟的版圖正在快速改變中。

台灣目前一年 GDP 產值是 15 兆新台幣，約等於 5,000 億美元，跟大國相比，當然是小巫見大巫，但全球排名約在第 25 名左右。由於台灣是一個出口導向的經濟體，因此受到國際經濟景氣的影響更為明顯。

認識 GDP 成長的五大來源

GDP 是一個國家商品與勞務的總產出結果，主要創造來源可分為五大類：消費、投資、政府支出、進口與出口。例如，民間消費增加、企業投資增加、政府支出增加，出口減進口後的貿易順差增加，都可以創造更多的經濟產值，讓一個國家經濟更繁榮。

⚪ 國內生產毛額的主要來源：

國內生產毛額＝消費＋投資＋政府支出＋（出口－進口）
GDP 　　　＝ C ＋ I ＋ G 　＋（ X － M ）

一般而言，如果全球經濟景氣熱絡，民間的消費、投資增加，進出口貿易成長，就可以創造不錯的經濟成長動能。但若遇到全球經濟衰退時，民間成長力量萎縮，就需要政府發揮救火隊的功能，此時多增加政府支出，可以協助民間度過難關，降低經濟不景氣的衝擊。

4-2 美國 GDP 成長率走勢，與 ISM 指數走勢正相關

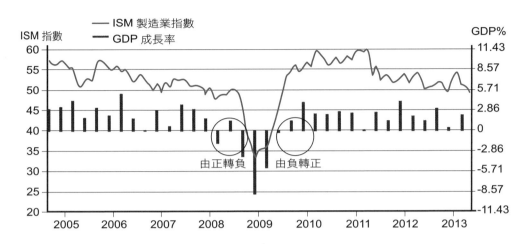

資料來源：XQ 全球贏家，統計期間 2004/1 至 2013/5

4-3 美國 S&P 500 指數，與 GDP 走勢正相關

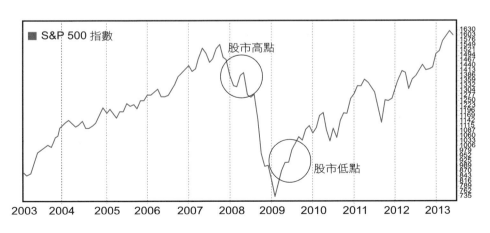

資料來源：MoneyDJ 理財網 /iQuote，統計期間 2003/1 ～ 2013/6

此外，開發中國家各項基礎建設還不完善，由政府推動的大型建設計畫，可扮演推動經濟成長的重要角色。因此，GDP 的組成分子中誰扮演主角，會視環境需求呈現動態的調整。

GDP 成長率，掌握景氣漲跌趨勢

國民生產毛額的統計多是每季一次，在美國是由商務部統計公布，在台灣則是主計處。**一般主要是觀察國民生產毛額 GDP 與去年同期相比是否成長，如果是正成長，則表示景氣擴張，如果是負成長，則表示景氣衰退。**

以美國為例，在 2005 年到 2007 年間，GDP 年增率都是正成長，當時美國景氣熱絡，各行各業欣欣向榮，代表景氣的另一個指標 ISM 製造業指數，也位在代表景氣繁榮的 50 以上。但是，2008 年第一季首次出現 -1.8% 的負成長，此透露了景氣衰退的警訊。雖然第二季回復正成長，但第三季爆發雷曼兄弟金融風暴，GDP 也出現 -3.8% 的大幅衰退。而這個景氣衰退期一直持續到 2009 年第三季，才再度回復為正成長（參圖 4-2）。

若對照美股 S&P500 指數的走勢，當 GDP 為正成長時，股市呈現持續上漲，為多頭市場，而當 GDP 為負成長時，股市持續下跌，為空頭市場。因此，若能掌握 GDP 的方向，就可以決定是否該繼續持有股票型產品（參圖 4-3）。

理財秘技 02

國家債務過高，
經濟體質潛藏危機

　　從 2010 年以來，我們陸續在媒體上看到，歐豬五國主權債務危機、美國財政懸崖等名詞出現，這代表一個國家的經濟體質出了問題，甚至連政府也身陷泥沼無法解決。

　　當一個國家的民間消費、企業投資、進出口貿易都緊縮時，最終只能靠政府不斷地舉債、透支來支撐經濟動能。若一個國家、政府累積的債務不斷擴大，而國際債權人不願意持續提供融資時，政府債券甚至有違約的風險，就會對這個國家經濟產生重大的打擊。

歐豬五國，引爆主權債務危機

　　2010 年 5 月爆發歐豬五國（愛爾蘭、葡萄牙、希臘、西班牙、義大利）主權債務危機，就因為這五個國家的累積債務餘額，已經超過國家 GDP 規模 100% 以上，同時，每一年政府還持續增加超過 GDP 5% 以上的財政赤字，新債加舊債如雪球般越滾越大，最終引爆了債務危機，並導致國際金融市場的震盪。

　　歐豬五國的債務問題，至今仍是難解習題，而這些國家在歐元區國家的壓力下，正進行控制預算的撙節措施。但少了政府舉債創造的需求，也帶來嚴重的經濟衰退、失業問題，歐洲經濟何時才能再起，還需要歷經一段漫長的調整期。

GDP 第一大美國，被調降信評

但除了歐豬五國之外，美國、日本二個國家累積的債務規模，也非常令人擔心。目前美國政府累積債務餘額達到 16.4 兆美元，已經超過美國 GDP 的 100% 規模，也達到美國債務上限天花板。而日本累積的債務餘額超過 1,000 兆日圓，超過 GDP 規模 200% 以上。這二個大國的債務問題，將成為全球經濟的隱形炸彈。

由於美國債務累積升高，讓美國信評公司標準普爾在 2011 年 8 月，將美國長期主權信用評等，從原先最高等級 AAA，調降為 AA+。另外二大信評公司穆迪、惠譽，雖維持美國信評為 AAA，但展望評為負向，由於美國財政懸崖問題未解，因此，另二家信評機構也頻頻示警，表示不排除調降美國信用評等的可能性。

2013 年美國面臨財政支出自動大幅刪減，可能帶來的財政懸崖危機，在二黨無法就刪減項目與金額達成共識下，2013 年 3 月美國總統歐巴馬簽署了自動減支法案，未來十年美國將刪減 1.2 兆美元支出。此對於節節攀升的美國債務餘額，其實具有正面改善效果，但對於經濟成長的衝擊如何，則仍未可知。

美國的減支政策當然有利有弊，好的一面是改善財務體質，有助於美國重返 AAA 的信評國家，但減少支出將衝擊經濟成長，有礙美國經濟復甦。魚與熊掌，不能兼得。不過，從美國民營企業的表現來看，復甦力道已逐漸加溫，若美國民間經濟可望穩健成長，短期債務危機降低。

日本債務風險，全球最高

但另一個國家日本的問題則較為嚴重，日本債務累積已經超過

GDP 200%，但新任首相安倍晉三仍提出 20 兆日圓的大規模經濟刺激方案，此勢必讓已經過高的債務水準持續飆升。此是安倍晉三破釜沉舟之舉，試圖拯救日本長期低迷經濟所採取的激進手段，雖然毀譽參半，但至少近期讓日本經濟出現了一些活力，股市也反彈回升。

不過短期經濟刺激方案就像興奮劑，藥效過了若身體不能自動復原，則變成長期仰賴的毒藥，日本在過去四年採取 14 次經濟刺激方案，最終都未見效果，這次效果如何仍要觀察。

此外，日本是一個高齡化社會，長期退休金與醫療保健支出，讓政府支出不斷攀升，而沒有年輕化人口創造新需求，也成為日本長期結構性的隱憂。而這個難解習題，未來終將反映在日本債務持續累積的風險上。

國際信評公司對日本的長期主權信用評等，近年也呈現往下調的現象，目前穆迪對日本信用評等是 Aa3，惠譽是 A+，標普是 AA-，早就都不是所謂的 AAA 等級了。不過，由於日本國債主要持有人是日本機構與國民，約佔 90% 以上，因此，即使信評被調降，日本國債受國際債務人拋售的風險極低，如此也才能維持日本國債長期處於低利率水準。只是，2013 年起日圓大幅貶值政策，是否會讓長期持有日圓債券的資金鬆動，未來仍要觀察了。

成熟國家 V.S. 新興國家，
低成長 V.S. 高成長

　　根據國際貨幣基金會 2013 年 4 月的統計，今年成熟國家的經濟成長率平均約在 1.2%，而新興國家的經濟成長率卻是 5.3%，乍看之下差異非常大。不過，這就像是一個成年人與青少年的差異，成年人各方面發展已經成熟，體格壯碩、但成長性有限。而青少年則還在發育中，身高體重未臻成熟，但成長力十足。例如，過去十年來美國經濟成長率大約維持在 2 到 3% 的水準，但中國經濟成長率卻高達 8 到 10%，因為他們站在不同的基礎上。

新興國家 GDP 年增率在 5% 以上

　　隨著新興國家的高速成長，確實讓它們在全球市場的地位產生改變。在 2000 年以前，新興國家的 GDP 規模遠遠落在全球前十大之外，但目前新興國家已經佔了前十大中的四名。

　　除了前幾年因為高盛報告而當紅的金磚四國（巴西、俄羅斯、印度、中國）之外，目前東協國家的成長潛力也備受矚目。所謂東協國家涵蓋了新加坡、印尼、泰國、馬來西亞、菲律賓、緬甸、汶萊、柬埔寨、越南、寮國等十國。目前這十個國家的 GDP 規模為 2.3 兆美元，但預估到 2020 年可跳增一倍，而到 2030 年時更可能達 10 兆美元，因此這個區域的未來發展備受關注。

　　除此之外，如果具有人口紅利，也可推動一個國家或區域的長期成長。例如，歐洲、日本近年來難以成長，有一個結構性失衡問題，

IMF 全球經濟成長率預估

單位：%

	2011	2012	2013	2014
全球	4	3.2	3.3	4
已開發國家	1.6	1.2	1.2	2.2
美國	1.8	2.2	1.9	3
歐元區	1.4	-0.6	-0.3	1.1
英國	0.9	0.2	0.7	1.5
日本	-0.6	2	1.6	1.4
發展中國家	6.4	5.1	5.3	5.7
中國	9.3	7.8	8	8.2
印度	7.7	4	5.7	6.2
巴西	2.7	0.9	3	4
俄羅斯	4.3	3.4	3.4	3.8
東協	4.5	6.1	5.9	5.5
中東北非	3.9	4.7	3.1	3.7

資料來源：IMF，統計時間 2013 年 4 月

亞洲四小龍與東協四國經濟成長率預估

單位：%

	2011	2012	2013	2014
南韓	3.6	2	2.8	3.9
台灣	4.1	1.3	3	3.9
香港	4.9	1.4	3	4.4
新加坡	5.2	1.3	2	5.1
泰國	0.1	6.4	5.9	4.2
印尼	6.5	6.2	6.3	6.4
馬來西亞	5.1	5.6	5.1	5.2
菲律賓	3.9	6.6	6	5.5

資料來源：IMF，統計時間 2013 年 4 月

就是生育率低、人口老化。但許多新興國家普遍生育率高，擁有人口自然成長帶來的經濟成長動能，此稱為人口紅利。舉例來說，目前東協十個國家有 6.2 億人口，每年還以約 1000 萬人口的速度增長，未來人口增長所帶來的內需消費潛力，也具有相當的成長推動力量。

新興國家股市成長率、波動率都大

一般而言，高經濟成長也同時帶來股市的高成長，因此，若從投資報酬率的角度來看，長期投資高經濟成長國家，比較有機會創造高報酬。舉例來說，**MSCI 世界指數**從 2003 年到 2007 年最高點的漲幅是 119.3%，而 **MSCI 新興市場指數**同時間的漲幅是 363.5%，由此可知前一波景氣擴張階段，投資新興市場的效益更大（參圖 4-4、4-5）。

不過，在 2008 年經歷金融風暴下，全球股市重挫，新興市場的跌幅更甚於全球股市。例如，**MSCI 世界指數**從 2007 年最高點到 2009 年最低點，跌幅為 55.3%，而 **MSCI 新興市場指數**的跌幅是 62.8%。由此可知，**新興股市的漲幅大、跌幅也大，股市波動性更為激烈。**

金融海嘯後，成熟國家否極泰來

雖然 2008 年金融海嘯的震央是美國，2010 年歐債危機的震央是歐洲，不過，到 2013 年第二季為止，美國股市已經創新高，德國股市也創新高點，反倒是金磚四國股市的表現落後許多。若觀察全球股市表現，MSCI 世界指數距離前波高點剩下 15%% 左右，但 MSCI 新興市場指數距前波高點還有 31%。

4-4 MSCI 世界指數，前波高低點漲幅 119%

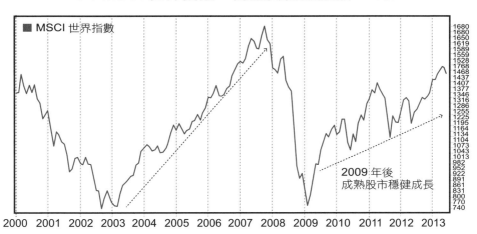

資料來源：MoneyDJ 理財網 /iQuote，統計期間 2000/1 ～ 2013/6

4-5 MSCI 新興市場指數，前波高低點漲幅 363%

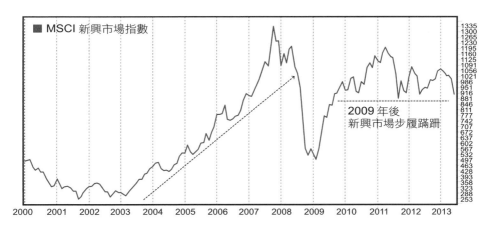

資料來源：MoneyDJ 理財網 /iQuote，統計期間 2000/1 ～ 2013/6

4-6 東協基金創新高，但也要居高思危

■ 摩根東協基金淨值走勢圖　　　　　　　　　　　　　單位：美元

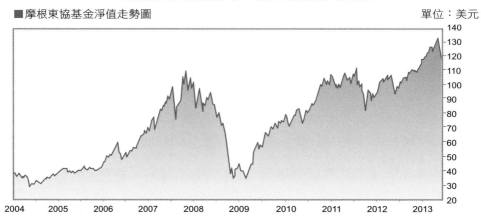

資料來源：MoneyDJ 理財網／基金，統計期間 2004/1 ～ 2013/6

　　顯示金融海嘯之後，成熟國家在結構性大修正後，反而出現否極泰來的走勢。而新興國家則在過去幾年高成長後，面臨產業結構調整與通膨壓力的雙重打擊，目前反而呈現低成長與高通膨的實質經濟負成長狀態。

　　在新興股市中，金磚四國受到出口衰退與通膨的衝擊較大，正進行內部體質的調整期，但是東協四國（泰、馬、菲、印尼）卻反而在這幾年快速崛起，東協股市紛紛創下歷史新高紀錄。

　　但值得注意的是，根據 IMF 的預估，東協國家 2013 年經濟成長率與 2012 年相比，大多持平或是略低，而 2014 年的經濟成長率也比 2013 年略低，此也透露了這些國家，經濟成長進入高原期。在 2013 年 5 月市場開始擔心 QE 退場之際，東協股市在二個月內重挫，並紛紛跌破季線，匯率也出現大幅貶值，新興市場的高波動性再次展現，值得投資人提高警覺。

看懂經濟成長率，
買在谷底、賣在高點

經濟成長率是觀察經濟趨勢的一個重要參考指標，**如果懂得掌握
買在經濟成長率最低點，賣在經濟成長率最高點，就可以輕鬆的當一
個投資高手。**

我們觀察台灣 2000 年與 2007 年的重要轉折點，經濟成長率透
露了不少訊息。1999 年與 2000 年，台灣經濟成長率分別為 5.97% 與
5.8%，都屬於高成長，但 2000 年的成長力道已經稍緩。之後爆發科
技泡沫危機，全球經濟受創，2001 年經濟出現負成長 -1.65%。

經濟負成長年，股票最佳買點

若對比股票市場的表現，2000 年台股最高點 10,393 點，但最低
跌到 4,555 點，跌幅高達 56%。而 2001 年台股最低 3,411 點，最高
6,198 點，漲幅達 82%。由此可知，在經濟成長率最高的那一年應該
要賣出股票，但經濟成長率出現負成長的年度，反而是逢低布局的好
時點。

再看比較近期的數據，2006 年、2007 年連續二年經濟成長率高
達 5.44%、5.98%，但 2007 年下半年美國已經開始出現房地產下跌的
現象，2008 年全球深受通膨所苦，下半年更爆發全球金融風暴，經濟
成長率驟降為 0.73%，2009 年更出現 -1.81% 的負成長（參圖 4-7）。

經濟高成長，注意秋收季節到

對照台股的表現，最高點出現在 2007 年 9859 點，2008 年則出現重挫走勢，最高 9,309 點、最低 3,955 點，跌幅達 57%。但是 2009 年卻從 4,164 點漲到最高 8,188 點，漲幅達 97%（參圖 4-8）。

從歷史經驗中可以發現，在經濟成長率的最高峰，正是秋天豐收的季節，要趕快賣出股票。而當冬天來臨，經濟大衰退的時候，反而是要進場布局的好買點。

經濟成長率雖落後，但可指出方向

投資人可能會發現，經濟成長率是落後的統計數據，當我們看到經濟成長率數據時，往往已經落後一季以上了，更何況股市是領先指標，要根據經濟成長率來做投資，似乎不可行。

不過，我們觀察經濟成長率不妨用中長期的眼光來看。通常，**一次的經濟景氣循環可持續五至七年以上，所以我們觀察經濟成長率主要看趨勢方向，是持續成長還是有從成長轉為衰退的隱憂。**若經濟趨勢持續**成長**，則投資人可持續**看好股市**，不需要過於短線進出，而真正要注意的點，是**從成長轉為衰退的轉折點**。例如 2000 年、2001 年與 2007 年、2008 年的重要轉折。

以目前趨勢來看，2012 年台灣經濟成長率僅 1.26%，而 2013 年預估 2.4%，在趨勢上 2013 年成長率比前一年高，顯示經濟景氣溫和成長，因此對股票市場的發展屬於正向，投資人不要過度悲觀。

4-7 看經濟成長率，掌握五～七年景氣循環

■台灣實質 GDP
─台灣經濟成長率

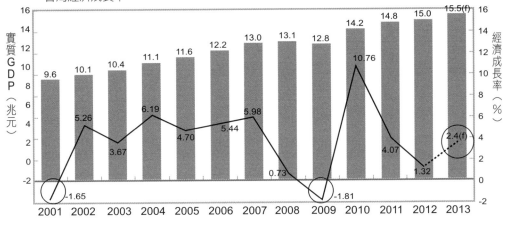

資料來源：主計處，統計至 2013 年 5 月

4-8 經濟成長率為負，台股最佳買點

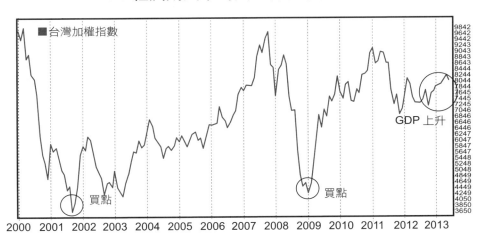

資料來源：MoneyDJ 理財網 /iQuote，統計期間 2006/1 ～ 2013/6

05 經濟成長率連九降，
預測真的準嗎？

2012 年台灣主計處針對經濟成長率的預測，總共往下修正了九次，從 1 月原先預估有 3.91% 的正成長，到年底時，竟然只有 1.26%，修正次數之多與幅度之大，真的跌破大家的眼鏡。此也不禁讓人懷疑，經濟成長率的預測到底準不準，真的值得參考嗎？

一般而言，經濟成長率預測值與實際值難免有誤差，但最多是 0.5% 上下的差異，像台灣去年出現近 3% 的大幅修正，真的頗讓人傻眼。不過，**我們觀察經濟成長率時，不要把焦點放在成長率的高低，而要放在趨勢方向與轉折點的觀察。**

舉例來說，2012 年主計處做預測時，原先預估全年可達 3.91%，但後續卻逐季下修，最終僅為 1.26%。而在做 2013 年的預估時，原先估 3.15%，但 2 月又上修為 3.59%，趨勢上似乎有逐步上修的好現象。但由於 2013 年第一季實際經濟成長率僅 1.67%，因此 5 月時主計處將 2013 年成長率大幅下修為 2.4%，顯示今年預測有再次凸槌的現象。不過，2013 年的 2.4% 和 2012 年 1.26% 相比，仍有成長，因此可對 2013 年的經濟表現抱持較樂觀態度。

成長率高低，受前一年基期影響

投資人要特別注意，經濟成長率是一個比較值，通常與前一年同期做比較，所以成長率的高低，會受到前一期基期高低的影響。如果

台灣經濟成長率預測（2月）

單位：%

	2011	2012	2013(F)
第一季	7.37	0.59	3.26
第二季	4.56	-0.12	3.92
第三季	3.53	0.73	3.82
第四季	1.21	3.72	3.34
全年	4.07	1.26	3.59

資料來源：主計處，統計時間：2013/2

台灣經濟成長率預測（5月向下修正）

單位：%

	2011	2012	2013(F)
第一季	7.37	0.59	1.67
第二季	4.56	-0.12	1.98
第三季	3.53	0.73	2.86
第四季	1.21	3.97	2.98
全年	4.07	1.32	2.4

資料來源：主計處，統計時間：2013/5

去年同期經濟表現強勁，則今年成長率要大幅上揚並不容易，但若去年同期經濟表現疲弱，則今年很容易出現大幅成長。

例如金融海嘯隔年 2009、2010 年，較容易出現 GDP 高成長率。但若景氣持續上漲一段時間後，由於比較基期墊高，不容易出現大幅成長，反而會見到成長率縮小的現象，如 2012 年。

由於投資市場是看成長性，我們也可以從經濟成長率逐季變化，掌握投資市場的小幅波動。例如，2011 年經濟成長率是一季比一季低，所以股市比較容易出現開高走低的現象；對照台股走勢，年初指

數 9,220 點、年底 6,609 點，確實也是開高走低。2012 年經濟成長率則是第二季最低，下半年逐漸成長；再看台股，股市的最低點出現在 6 月 6,857 點，之後慢慢攀升，年底衝上 7,699 點。

掌握趨勢，並核對現況

若預測 2013 年的走勢，由於每季經濟成長率幅度差異不大，沒有太大的波動起伏，因此，股市可能呈現小幅震盪、穩定回升走勢。明後年經濟成長率則要持續追蹤觀察，一方面看台灣官方的預估，另一方面也要掌握國際市場其他國家的動向，做一個整體的判斷。

目前除了各國政府自行發布經濟成長率預測之外，國際上有幾個機構會定期公布，對全球各國經濟成長率的預測，投資人可做為參考，例如，國際貨幣基金會（International Monetary Fund，簡稱 IMF）、世界銀行（The World Bank）、國際經濟合作組織 OECD 等。

除了年初的預測之外，各國都會定時發布最新一季 GDP 統計數據，並同時調整對於全年預測的修正，投資人可以從實際數據與修正方向，掌握整體經濟景氣的走向。由於經濟成長率的統計有時間落後問題，因此，要多注意對於未來一、二季與中長期看法的趨勢方向，才能及時掌握景氣反轉點。而根據 IMF 的預估，2014 年的經濟成長率可高於 2013 年，因此從投資大趨勢來看，對股票市場不要太悲觀。

理 財 口 訣 --

當 GDP 為正成長時，景氣復甦，股市為多頭市場，
當 GDP 持續高成長，景氣過熱，要注意秋收季節，
當 GDP 從正轉負，景氣衰退，股市為空頭市場，
當 GDP 負成長縮小，景氣谷底，可留意股市最佳買點。

INFO.

相關資料哪裡查？
國際貨幣基金會 http://www.imf.org/external/
世界銀行 http://www.worldbank.org/
世界經濟合作組織 OECD http://www.oecd.org/
美國商務部經濟統計局 http://www.bea.gov/
歐盟統計局 http://epp.eurostat.ec.europa.eu/portal/page/
portal/eurostat/home
中國國家統計局 http://www.stats.gov.cn/
台灣行政院主計處 http://www.dgbas.gov.tw/mp.asp?mp=1

經濟指標 5

採購經理人指數

測量景氣溫度計

半導體 B/B 值站上 1，預告電子業春燕來？

2013 年 1 月，北美半導體 B/B 值突破 1，重新站回象徵景氣的分水嶺，台灣電子股也終於展開一波反彈走勢。事實上，北美半導體 B/B 值在 2012 年 10 月跌到近一年低點 0.75，從 11 月開始呈現反轉向上走勢，並連續 5 個月回升。

而台股的上市電子指數，也從 2012 年 11 月起反彈，連續七個月收紅。同一時間，台灣加權指數也是連七紅，從 7141 點漲到 8439 點，漲幅 18.2%。從北美半導體 B/B 值的走勢，可以預言台股走勢，有這麼神嗎？

B/B 值大於 1，表示景氣擴張

所謂北美半導體 B/B 值，是指北美半導體設備製造商的接單出貨比（Book to Bill ratio，簡稱半導體 B/B 值），當半導體下游廠商預估景氣好轉時，才會開始增添設備採購，因此，當半導體設備商新接單量高於出貨量時，表示產業景氣暢旺，下游廠商積極投資設備、擴充產能。而若下游廠商對於未來景氣保守，添購設備行動縮手，半導體接單出貨比值就會下降。因此，半導體 B/B 值可說是，春江水暖鴨先知的一個訊號。

目前國際半導體設備材料協會（SEMI）針對半導體設備製造商，3 個月的移動平均接單金額與出貨金額來做比較，編製半導體 B/B 值。若數值大於 1，代表新接訂單金額高於出貨金額，預期未來景氣看好，若數值小於 1，代表新接訂單金額低於出貨金額，預期未來景氣看淡。

5-1 北美半導體 B/B 值，與電子股走勢息息相關

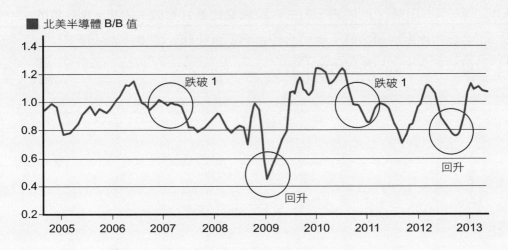

■ 北美半導體 B/B 值

跌破 1　　跌破 1

回升

回升

資料來源：XQ 全球贏家，統計期間 2004/7 ～ 2013/5

從低點反彈，是電子股好買點

　　從長期的走勢來看，前波 2007 年之後，半導體 B/B 值大多在 1 以下，顯示電子業景氣有轉弱現象，當時股市雖然持續創新高，但已經透露出警訊。而在金融海嘯後，B/B 值暴跌至 0.47，顯示電子業景氣大受衝擊，不過，若能掌握低檔反彈的機會，也能抓住一波股市反彈行情。

　　但這波回升趨勢在 2010 年 10 月之後反轉，北美半導體 B/B 值再度跌破 1，之後維持較疲弱的走勢。2011 年 9 月到 2012 年 4 月有一段回升，但之後又下跌，直到 2012 年 11 月之後，才又見回升走勢（參圖 5-1）。

　　從近 2 年走勢可發現，半導體產業波動性相當大，台灣電子業者

也必須神經緊繃。由於電子產品與資訊通訊產品，幾乎佔台灣外銷訂單一半的比重，同時電子股占台股成交比重近七成，因此，B/B 值的變動不僅影響電子股，更與台股走勢息息相關。投資台股的民眾，不得不多注意這個指標的變化了。

　　春江水暖鴨先知，如果要預知一個國家或企業的景氣是擴張還是緊縮，企業的採購經理人就是相當具有先知先覺能力的角色。他掌管了公司的採購大權，公司目前存貨高低、未來訂單多寡，影響了採購經理人未來的採購意願，因此，調查採購經理人對未來景氣的看法，具有相當的參考性。

　　採購經理人指數 Purchasing Managers' Index（PMI），在美國由供應管理協會（ISM）調查，因此稱為 ISM 指數，在其他國家多稱為 PMI 指數。

PMI 即時反應企業景氣狀況

　　美國 ISM 指數是調查 250 家產業公司採購經理人，涵蓋 50 個州 21 個產業，受訪的採購經理人就生產、新訂單、商品價格、存貨、訂單交貨與員工雇用等幾個問題來回答，未來是增加、不變還是減少，根據經理人的回答給予不同權值計分後，統計出最終指數。每個月 1 號公布。美國有製造業 ISM 指數，也有非製造業 ISM 指數，由於美國製造業佔 GDP 較低，因此，二個指標要總合研判。

　　PMI 指數不只是掌握產量、存貨與新訂單趨勢，還同時掌握商品價格變動與勞工就業趨勢，不需要等待政府單位統計資訊的落後時效，可即時反映企業目前景氣狀況，也可做為對未來景氣的預測，因此成為被廣泛運用的指標。

50 以上景氣擴張，50 以下景氣收縮

一般而言，PMI（ISM）指數持續高於 50 以上，顯示景氣擴張，低於 50 顯示景氣下滑。但主要仍在觀察趨勢方向，若持續走高代表景氣熱絡，可持續積極投資，若趨勢走低則預告景氣減緩，投資應轉為保守。

目前許多國家都有 PMI 指數，有些由產業協會、研究機構編製，也有國際金融機構編製相關指數。中國 PMI 指數由國家統計局與中國物流與採購聯合會共同完成，已納入國家統計局公布資訊，每月初定期公布。另還分別編製製造業 PMI 與非製造業 PMI 指數（參圖 5-2）。

中國製造業 PMI 指數，主要調查生產量、新訂單、出口訂貨、成品庫存、採購量、進口、購買價格、原物料庫存、從業人員……等 12 個項目，共調查 21 個產業 3,000 家公司。而非製造業 PMI 指數也調查類似問題，共調查 27 個產業、1,200 家公司。由於有國家統計局執行，具有相當的參考公信力。不過，有時候與匯豐 HSBC 編制的中國 PMI 指數有落差，因此，最好二個指數都參考。目前中國製造業佔比較高，因此，製造業 PMI 指數是主要參考指標。

歐洲 PMI 指數，掌握歐洲景氣動向

歐洲 PMI 指數主要由一家 Markit financial information services 公司編製，該公司 2001 年成立，是一家獨立的金融資訊服務公司，每月針對全球 30 個國家、2 萬家企業進行 PMI 指數調查，該調查指數不僅廣為金融業、企業界參考運用，也被多國央行視為重要參考指標，如歐洲央行、英國央行、日本財政部 .. 等，具有相當的公信力。

5-2 中國 PMI 指數雖不強勁，但站在 50 以上

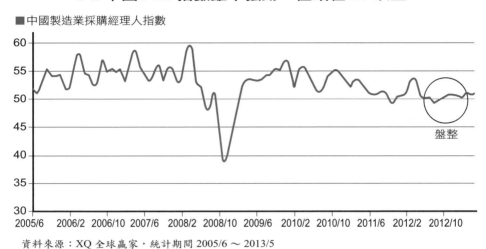

■中國製造業採購經理人指數

盤整

資料來源：XQ 全球贏家，統計期間 2005/6 ～ 2013/5

5-3 歐洲 PMI 指數低於 50，但開始回升

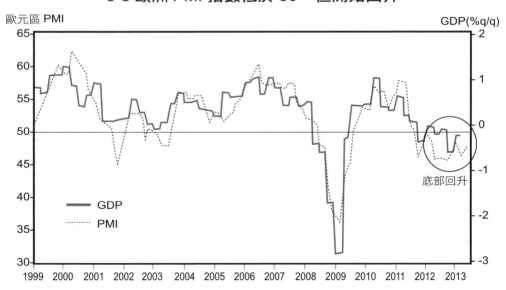

歐元區 PMI

GDP(%q/q)

—— GDP

······ PMI

底部回升

資料來源：Markit，統計期間 1999/1 ～ 2013/5

　　Markit 編製的 PMI 指標，涵蓋製造業、服務業、建築業、零售業與綜合指標，在不同國家有主要的調查指標，目前製造業 PMI 指數仍是最主要的指標。其中，有關於歐元區的 PMI 指數，歐洲各國的 PMI 指數，該公司調查較為完整，因此，可作為觀察歐洲經濟趨勢的重要參考指標。

　　除 Markit 之外，有關於 PMI 指數還有其他公司編製，如匯豐 HSBC 也有編製各國的 PMI 指標，可做為參考。

台灣 PMI 新登場

　　台灣過去並沒有 PMI 指數可供參考，但為與國際同步，經建會委託中華經濟研究院與中華採購與供應管理協會（SMIT），共同編製台灣的 PMI 指數，從 2012 年 5 月起開始試編，並從 2012 年 11 月起正式公布統計指數，可做為觀察台灣景氣的參考。

5-4 台灣製造業 PMI 指數

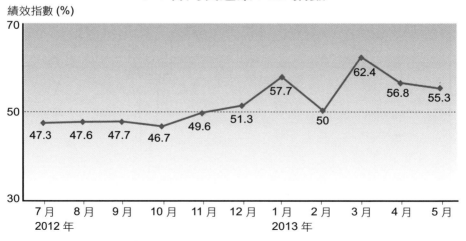

績效指數 (%)

資料來源：中華經濟研究院，統計期間 2012/7 ～ 2013/5

02 PMI 從高點跌破 50，減碼股票投資

　　既然 PMI 指數可以讓我們掌握目前景氣狀況，與對未來的**趨勢預測**，那麼是否可以拿來做為投資進出的參考呢？答案是，是的。從歷史經驗來看，**PMI 與股市之間，呈現同向發展**，因此，投資人應該密切注意 PMI 透露的趨勢訊息。

PMI 跌破 50，股票減碼

　　簡單的投資法則，**當 PMI 指數從高點往下跌破 50，顯示景氣趨勢轉弱，此時應該賣出股票型基金，買進債券型基金**。當 PMI 指數雖然還在 50 以下，但趨勢開始從低檔往上攀升，顯示景氣越來越好，

5-5 美國 ISM 製造業採購經理人指數透露景氣榮枯

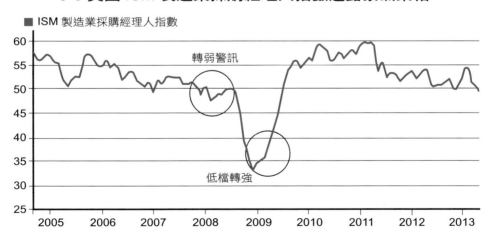

■ ISM 製造業採購經理人指數

轉弱警訊

低檔轉強

資料來源：XQ 全球贏家，統計期間 2004/7 ～ 2013/5

則是可以積極加碼股市的好時機。

　　舉美國為例，ISM 製造業指數在 2005 到 2007 年之間雖然有高低波動，但數值一直維持在 50 以上，當時美國股市仍持續上升，股票型基金可以續抱。直到 2007 年 12 月首次跌破 50，之後走勢下滑，顯示景氣轉弱，股票投資要提高警覺（參圖 5-5）。而 ISM 非製造業指數，先前也一直維持在 55 以上的水準，直到 2008 年 1 月首次大跌至 45，雖然後續有回升，但也透露出一些警訊（參圖 5-6）。

　　美國 ISM 指數在 2007 年底、2008 年初分別出現跌破 50，再加上 Fed 在 2007 年 9 月開始降息，這都透露景氣轉弱的訊息，投資人應該提高警覺，降低股票比重。而美股前波最高點出現在 2007 年 10 月，之後連續 3 個月重挫，這都是提醒投資人該出場的訊號。

5-6 美國 ISM 非製造業指數可同時參考

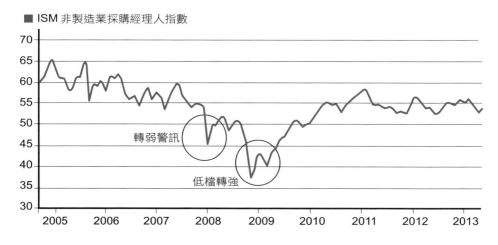

■ ISM 非製造業採購經理人指數

資料來源：XQ 全球贏家，統計期間 2004/7 ～ 2013/5

PMI 低點回升，股市最佳買點

2008 年 9 月美國房市風暴來襲，ISM 指數大跌，不過投資人若等此時再出場，已經有點來不及了。在金融風暴期間 ISM 製造業指數重挫，在 2008 年 12 月最低跌至 33.1，同樣的，ISM 非製造業指數也在 2008 年 11 月跌到最低 37.6，但在政府推出多項經濟刺激方案後，ISM 指數連續三個月回升，雖然數值還在 50 以下，但趨勢往上。

2009 年 1 月，ISM 指數開始反彈回升，與美股 S&P 500 指數反彈點幾乎一致，可見得不需要等到 ISM 回到 50 以上，只要從低點回升，就是股票布局的好買點（參圖 5-7）。

5-7 S&P 500 指數高低點，與 ISM 指數同步

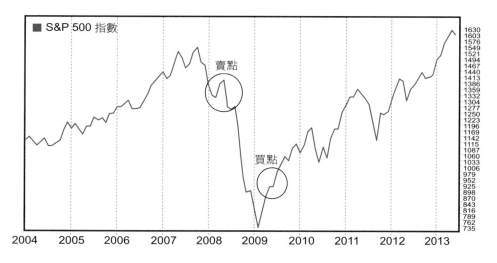

資料來源：MoneyDJ 理財網 /iQuote，統計期間 2004/1 ～ 2013/6

5-8 用 ISM 指數來掌握美國基金的買賣點

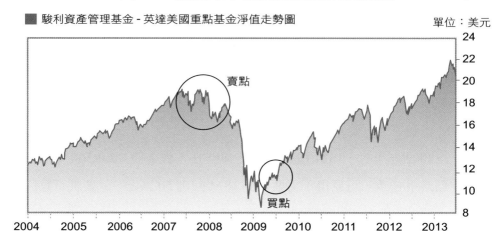

■ 駿利資產管理基金 - 英達美國重點基金淨值走勢圖　　　　單位：美元

資料來源：MoneyDJ 理財網 / 基金，統計期間 2004/1 ～ 2013/6

　　而美國 ISM 指數從 2009 年起持續上揚，並在 2009 年 8 月突破 50，之後持續維持在 50 以上，顯示美國景氣穩定復甦，不過 2013 年 5 月美國 ISM 製造業指數跌破 50，6 月又再次站回 50，後續發展值得密切注意。

　　如果投資美股基金，可以參考 ISM 指數變動來掌握買賣點，舉一檔美股基金為例，在 2008 年 ISM 跌破 50 後，就是好賣點，而 2009 年初 ISM 觸底回升，就是好買點（參圖 5-8）。

理 財 口 訣 --

PMI 指數高於 50，顯示景氣擴張，可增加股票投資。
PMI 指數低於 50，顯示景氣趨緩，可降低股票投資。

台灣景氣紅藍燈，
輕鬆掌握大趨勢

台灣過去沒有編製 PMI 指數，但經建會每個月都會公布景氣對策燈號，這是觀察台灣景氣趨勢，很具參考性的指標，投資人可多加利用。

經建會經濟研究處每個月 27 號公布上個月的景氣燈號，根據 9 個調查項目趨勢向上還是向下，統計出最後的總分。每個項目最低 1 分最高 5 分，因此總分最低 9 分最高 45 分。按照總分數的高低共分為五種燈號，分別是紅燈、黃紅燈、綠燈、黃藍燈、藍燈、**紅燈代表景氣過熱，藍燈表示景氣衰退，從燈號就可以輕鬆掌握台灣景氣趨勢。**

紅燈過熱，藍燈衰退

舉例來說，從 2011 年 11 月起，台灣景氣燈號陷入代表衰退的藍燈，而且還連續維持在藍燈區長達十個月之久，這段時間正是歐債危機蔓延擴散、台灣出口產業大受衝擊之際，直到 2012 年 9 月才走出藍燈區，景氣燈號轉為黃藍燈。不過，復甦的力道並不強勁，景氣燈號仍維持在黃藍燈長達九個月之久，顯示景氣仍未見明顯回溫。

我們除了看最終燈號與分數，來了解目前景氣狀況外，還可進一步掌握 9 個項目的個別趨勢走向。例如根據 2013 年 5 月份的統計，製造業銷售值、工業生產指數為藍燈，機電設備進口值、商業營業額、海關進出口為黃藍燈，顯示出口產業、製造業表現仍然疲弱。

經建會景氣對策燈號

	101 年（2012）									102 年（2013）			4 月		5 月	
	4月	5月	6月	7月	8月	9月	10月	11月	12月	1月	2月	3月	燈號	%	燈號	%
綜合判斷	14	15	15	16	15	20	19	21	22	19	20	18		17		19
貨幣總計數 M1B														5.8		7.1
直接與間接金融														4.3		4.1
股價指數														3.6		12.4
工業生產指數														-1.8		-0.8
非農業部門就業指數														1.1		1.0
海關出口值														-1.1		2.5
機械與電機設備進口值														-3.3		0.8
製造業銷售數														-3.9		-1.7
商業營業額指數														4.9		1.999

【註】各構成項目均為年變動率，除股價指數外均經季節調整。

綜合判斷說明：紅燈●（45～38），黃紅燈◕（37～32），綠燈○（31～23），
　　　　　　　黃藍燈◑（22-17），藍燈▼（16～9）。

資料來源：經建會，統計至 2013 年 5 月

領先指標可透露方向

　　經建會在公布景氣燈號時，同時也會公布景氣領先指標、同時指標、落後指標等三大指標。這三個指標各由不同的細項所組成，由名稱上很容易判定，領先指標具有領先特性，例如外銷訂單、股價指數……等，而落後指標則如失業率、金融機構放款與投資……等。

　　用在投資市場的判斷上，領先指標具有較高的敏感性，可以作為投資的輔助觀察。例如，2008 年 2 月之後，台灣領先指標 6 個月平滑

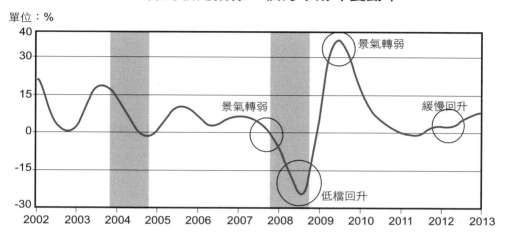

5-9 台灣領先指標 6 個月平滑年變動率

單位：%

景氣轉弱

景氣轉弱

緩慢回升

低檔回升

資料來源：經建會，統計至 2013 年 5 月

指數率先跌破 0，顯示景氣轉弱，但當時景氣燈號還在綠燈區，投資人若注意到領先指標轉弱，就可提高警覺，減碼股票投資。

　　同樣的，在 2009 年金融風暴之後，領先指標率先反彈回升，雖然仍為負值，但指數趨勢持續上揚，當時景氣燈號還在藍燈。若跟著領先指標往上走時，開始加碼股票，就有機會買在最低點。

　　不過，領先指標在 2009 年大幅反彈上揚後，2010 年起緩步滑落，2011 至 2012 年更在 0 附近盤整，整體景氣呈現欲振乏力。然而從 2012 年以來，領先指標逐步墊高，顯示景氣趨勢有改善，投資人可以樂觀期待。

台股買藍賣紅，神奇投資法

　　在台灣的投資市場有一個簡單的投資密技，稱為「買藍賣紅投資法」。方法就是**當台灣景氣燈號出現藍燈時，應該買股票，景氣燈號出現紅燈時，應該賣股票。**若跟著這個投資法則操作，長期下來可以掌握在台股「買低賣高」的反市場操作心法。

　　舉例來看，2010 年景氣正旺，燈號處在紅燈、黃紅燈區，當時台股也持續往上攀升穩在 8000 點上，並在 2011 年 2 月站上 9220 點高點。但仔細觀察燈號變化，從原先紅燈、在 2010 年 9 月轉為黃紅燈，並在 2011 年 3 月轉為綠燈，趨勢顯示燈號分數越來越低，景氣有轉弱現象（參圖 5-10）。

燈號從紅轉綠，股票減碼

　　因此，當 3 月出現綠燈時，投資人該提高警覺，之後又連續出現綠燈、且分數越來越低，更確認趨勢，股票比重應該降低。投資人若能在第二季先行賣出股票，當時台股還在 9,000 點上下，可賣在相對高點。

　　至於景氣出現藍燈時，則是要注意股票的進場點。由於藍燈出現期間長短不一，投資人可不能看到第一個藍燈就進場，應該多觀察幾個月，或是分批買進慢慢布局。例如最近一次景氣藍燈長達 10 個月，到 2012 年 9 月才轉為黃藍燈。投資人可以在轉為黃藍燈後開始布局即可，雖然股市低點出現在 2012 年 6 月的 6,857 點，但在 2012 年 10 月確認脫離藍燈後，分批買進台股，也可買在相對低檔。

5-10 跟著台灣景氣燈號，買藍賣紅

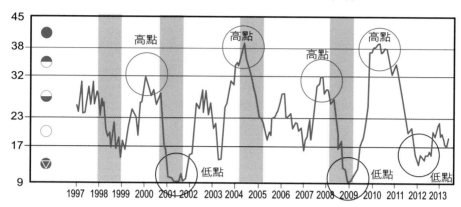

資料來源：經建會，統計至 2013 年 5 月

5-11 台股走勢與景氣燈號走勢同步

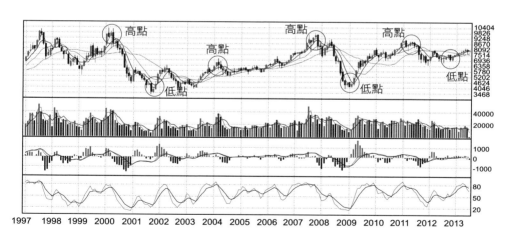

資料來源：XQ 全球贏家，統計至 2013/6

燈號從藍轉綠，股票加碼

從長期景氣燈號圖，可以看到台灣的景氣循環，每次出現黃紅燈、紅燈時，都是景氣的相對高峰，也是股市的相對高點，例如 2000 年 1 月、2004 年上半年、2007 年下半年，都是紅燈區也是股市高點。而當景氣出現黃藍燈或藍燈時，例如 2001 年、2002 下半年到 2003 年上半年、2008 年下半年等，都是景氣的谷底，也是股市的低檔區（參圖 5-11）。

因此，如果想當一個「買低賣高」的投資高手，可以參考景氣燈號變化來做投資。也就是**當景氣出現最熱絡的紅燈時**，也就是秋天收割季節來臨，**投資人應該要開始分批賣出股票或股票型基金。**

而當景氣出現最冷的藍燈時，反而要開始注意脫離谷底的訊號何時出現，也就是雖在冬天但要準備迎接春天來臨。不管是在藍燈區慢慢布局買進，或是看到藍燈轉黃藍燈之後再進場，都可以買在股市相對低檔。

2013 年 5 月台灣仍處在景氣黃藍燈區，但搭配領先指標與今年經濟成長率來看，景氣應可逐步走高，投資人可加碼股票，迎接未來景氣行情來臨。

理 財 口 訣 --

景氣藍燈，代表景氣衰退，可開始布局股票。
景氣紅燈，代表景氣過熱，要注意賣出股票。

理財秘技

05

更多參考指標，
多方檢視景氣趨勢

　　PMI 是國際市場上廣泛應用的景氣指標，優點是簡單好用、一目了然，且具有領先特質。但除此之外，還有很多的指標可參考，投資人不妨多方參考，對於趨勢行情就有更多把握。

　　在台灣經建會編製的景氣概況中，有列出領先指標、同時指標、落後指標，其各有觀察的標的，這些細項指標也是我們掌握景氣訊息的重要參考。

認識更多觀察指標

A. 領先指標	B. 同時指標	C. 落後指標
外銷訂單	工業生產指數	失業率
實質貨幣總計數 M1B	電力總用電量	工業及服務業經常性受雇員工數
股價指數	製造業銷售量指數	製造業單位產出勞動成本指數
製造業存貨量指數	商業營業額指數	金融業隔夜拆款利率
工業及服務業加班工時	非農業部門就業人數	全體貨幣機構放款與投資
核發建照面積	實質海關出口值	製造業存貨率
SEMI 半導體接單出貨比	實質機械及電機設備進口	

INFO.

相關資料哪裡查？
美國 ISM 指標：http://www.ism.ws/index.cfm
中國 PMI 指標：http://www.stats.gov.cn/
歐洲 PMI 指標：http://www.markiteconomics.com/Survey/
Page.mvc/PressReleases
台灣 PMI 指標：http://www.cier.edu.tw/mp.asp?mp=1
近期各國 PMI 指數：鉅亨網 / 金融 / 指標
http://www.cnyes.com/economy/indicator/Page/schedule.
aspx
台灣景氣燈號：經濟建設委員會 http://www.cepd.gov.tw
北美半導體 B/B 值：北美半導體協會 (SEMI) http://dev.semi.org/
en/MarketInfo/Book-to-Bill

經濟指標 **6**

原物料指數

偵測超完美風暴

事件 1
原物料基金慘套，該怎麼辦呢？

「我的世礦基金究竟還要不要扣，還是要賣掉？」過去一年來，最常被問到的基金問題，大多與世礦有關。如果要選一支最受到台灣投資人關注的基金，非貝萊德世界礦業基金莫屬，因為在前波原物料狂飆的年代，這檔基金曾經為投資人創造了驚人報酬率。

從 2003 年起漲點到 2008 年原物料波段高點，貝萊德世礦基金的淨值從最低 13.36 美元，漲到最高 113.92 美元，漲幅高達 753%，也難怪世礦基金會成為台灣投資人爭相搶購的熱門標的。

不過，2008 年金融海嘯爆發，全球景氣受創、原物料價格暴跌，該基金淨值從雲端跌到谷底，跌幅高達 80%。之後在各國挹注資金下，全球股市與原物料走出一波資金行情，世礦也搭上反彈列車，從低點反彈幅度超過 200%。不過 2011 年之後，全球再次陷入景氣衰退疑慮，世礦基金也受拖累，淨值再次下跌，至今仍未回到高峰的一半。持有五年的投資人，至今虧損幅度將近一半，也難怪讓許多投資人傷心。

不管是單筆投資、還是定時定額，目前投資原物料相關基金的投資人，大多處在套牢虧損狀態。許多人早就失去持續投資的耐心，還有更多人把對帳單鎖在抽屜不想再看。

真的，原物料行情會像網路泡沫、美國房地產泡沫一樣，一去不回頭嗎？而原物料的走勢又對全球經濟景氣，透露出什麼訊息呢？

理財秘技 01 油價是景氣同步指標

俗稱黑金的石油，深深的埋藏在地底下，卻是全世界爭相搶奪的戰略資源，因為它是全世界文明賴以進展的原動力，也是工業之母。要觀察全球經濟景氣動向，首要先掌握的就是原物料中最重要的石油。

石油除了可以用來煉製汽油、柴油等燃料用油，用於發電、交通工具之外，還可以延伸出多元石化產品，舉凡人造纖維、橡膠、塑料、染料、肥料、農藥……等，幾乎食、衣、住、行、日常生活中各類產品，都是石油的衍生物，因此，油價高低左右了所有延伸產品的成本。

景氣熱絡，推升油價上漲

油價高低受到供需的影響，若從供給面來看，是否有新的油田、開採產能、開採成本、原油庫存，甚至中東政局、美阿關係……等，都會影響油價高低。若從需求面來看，則跟全球景氣、區域成長、產品應用範圍有關。

可以想見，如果全球經濟**景氣熱絡**，對各種的工業產品、民生消費品**需求大增**，自然會帶動最上游石油使用增加，進而推升**油價上漲**。但若是**景氣衰退**，工業產品**需求降低**、民間消費緊縮，則石油使用量降低，**油價下跌**。因此，觀察油價高低，可以掌握全球經濟景氣動向。

油價過度飆漲，造成經濟衰退

由於油價是眾多產品的上游原料，如果因為景氣上揚推升價格溫和上漲，則屬於健康成長，但若**油價過度飆漲**，最終導致**生產成本過高**、**通貨膨脹壓力上揚**，反而造成**經濟衰退**。

除此之外，還有非經濟因素會影響油價波動。在 1973、1979 年分別爆發二次全球石油危機，第一次起因是中東戰爭，油價從每桶 3 美元漲至 11 美元，第二次是伊朗內戰導致石油減產，油價從每桶 18 美元上漲至 40 美元。這二次油價大漲，都引發後續的經濟大衰退。

在 1990 到 2000 年間，油價有一段平穩發展期，大多在每桶 25 美元以下的價位波動，因此，這段期間全球得以在低油價環境下穩健發展，但從 2004 年之後，油價卻開始脫離過去的價格區間，長期大波段行情。

金磚四國崛起，帶動新需求

2001 年高盛報告首度提出金磚四國，指出新興國家積極邁向工業化發展之路，將成為另一股不容忽視的力量。由於新興國家崛起，積極擴大基礎建設與工業發展，帶動原物料需求大增。尤其是金磚四國中的中國，憑藉著低勞力與土地成本，吸引全球企業赴中國投資設廠，每年創造 10% 的經濟成長率，更造成原物料需求快速上升。

2007 年全球景氣來到波段高峰，油價也突破每桶 80 美元的新高價位，當時通膨壓力升高，美國聯準會快速升息，因而對美國房地產市場與經濟成長帶來衝擊。然而，在新興國家崛起的熱潮中，油價與原物料價格仍不斷創新高，北海布蘭特原油價格在 2008 年 5 月還創下每桶 147 美元的歷史高價（參圖 6-1）。

過高的油價最終帶來經濟大衰退，2008 年下半年美國房地產市場暴跌，並引爆次貸危機，重創全球金融市場，油價也從高檔暴跌至每桶 40 美元。

2008 金融風暴後，印鈔票帶動油價大漲

後續在各國全力救市措施下，紛紛推出經濟振興方案與大量印鈔票，讓油價又從谷底快速攀升，2011 年 4 月油價再度飆高到每桶 120 美元的價位。然而在歐債危機升高與美國舉債上限的雙重壓力下，拖累全球景氣復甦，油價終於反轉修正，之後維持在每桶 100 美元到 115 美元區間內盤整（參圖 6-1）。

從近二年油價走勢觀察，顯示全球景氣未見強勁復甦力道，但由於貨幣供給寬鬆、美元貶值、生產成本墊高，再加上爭端頻傳的中東衝突，讓油價站在每桶 100 美元的高檔上。

6-1 北海布蘭特原油價格，每桶 100 美元以上盤整

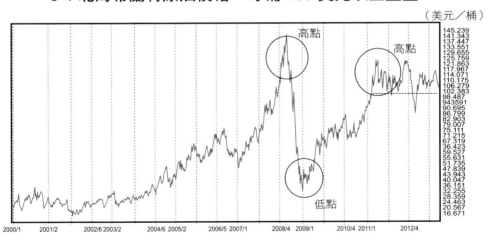

（美元／桶）

資料來源：MoneyDJ/iQuote，統計期間：2000/1 ～ 2013/3

美國頁岩油開採技術，帶來油價新變數

　　不過，有一個新的變數將影響油價走勢，未來即使景氣復甦，油價也不一定會如前一波大漲。最主要的原因是，美國頁岩氣開採技術突破，讓美國天然氣供應量大增，此將使美國降低石油進口量，有助於壓抑油價大幅上揚（參圖 6-2）。

　　由於美國是全球第一大石油進口國與消費國，但美國能源部 2013 年的展望報告中指出，受到頁岩氣產量增加帶動，美國在 2020 年天然氣產量可超過國內消費量，此將讓美國從天然氣淨進口國變成出口國，同時也可降低石油的進口依賴。

6-2 美國頁岩氣開採突破，天然氣價格大幅下跌

單位：美元／百萬 BTU

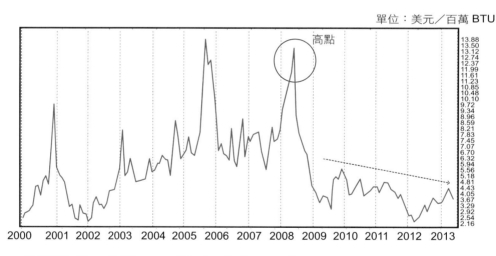

資料來源：MoneyDJ/iQuote，統計期間：2000/1 ～ 2013/6

　　美國能源部並預估，2014 年美國石油進口量可降至每日 600 萬桶以下，是 2004 到 2007 年平均水準 1,200 萬桶的一半。若此預估正確，未來油價可望維持較穩定的走勢，不至於過度飆漲。不過，油價高低仍受到國際政治勢力的牽動，並非單純供需與景氣因素可決定；此外，若美元持續升值也會壓抑油價上漲，因此，還是要密切觀察未來走勢變化。

02　銅、鋁、基本金屬，景氣溫度計

　　除了油價是工業之母以外，各類礦產、基本金屬等，是生產工業產品、資訊產品、機械器具、建築、消費產品……等不可或缺的上游原物料，因此，礦產、金屬的價格波動，往往與景氣呈現同步走勢。

　　雖然各種礦產、基本金屬有它個別的產業供需狀態，價格走勢不完全一致，但整體而言，趨勢仍會與大環境景氣亦步亦趨。當**景氣熱絡**時，礦產、基本金屬價格會**持續走高**，而當**景氣衰退**時，礦產、基本金屬價格會**下跌**。因此，掌握了這類原物料價格趨勢，也等於預知了景氣的溫度高低。

　　包括銅、鋁、鎳、鉛、鋅、鐵礦砂、金、銀……等，在工業上的運用相當普遍，如果無法掌握那麼多種基本原物料價格時，不仿從運用面最廣泛的銅價變化，來判斷景氣趨勢。

銅價可觀察景氣變動

　　2000 年以前銅價處在一個低檔區間內波動，2004 年起呈現爆炸性上漲，和油價走勢相當一致，直到 2006 到 2007 年間銅價呈現高檔劇烈震盪，當時經濟景氣已經出現過熱走勢。2007 年第四季銅價重挫，但 2008 年上半年卻出現最後一波漲勢，在 5 月見最高價且收長黑 K 線，之後銅價反轉下跌（參圖 6-3）。

6-3 銅價走勢，顯示原物料需求疲弱

單位：美分／鎊

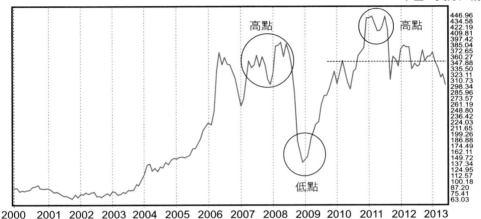

資料來源：MoneyDJ/iQuote，統計期間：2000/1 ～ 2013/6

　　在 2008 年底金融海嘯期間，銅價持續重挫，但 2009 年 1 月起銅價觸底反彈，連續五個月收紅 K 線，趨勢明顯回升。這段期間全球股市也落底回升，並展開一波上漲行情，由此可見，銅價與股價的相關性極高。

　　2009、2010 年銅價雖然大漲，但 2011 年初卻出現了反轉訊號，連續三個月銅價下跌，之後呈現空頭走勢。從 2013 年以來，銅價仍呈現持續下修走勢，顯示全球景氣復甦力道仍然相當溫吞。

理財口訣

景氣擴張時，企業生產增加，原物料需求增加，帶動原物料價格上漲。
景氣衰退時，企業生產減少，原物料需求減少，帶動原物料價格下跌。

看 CRB 指數，掌握原物料大趨勢

　　除了銅價具有告知景氣的功能之外，其他各類礦產、金屬價格變動，也具有趨勢指引的功能。投資人若不想一一掌握各原物料走勢，可以觀察原物料綜合指數，其中 CRB 期貨指數就是投資市場上廣泛運用的觀察指標。

　　CRB 期貨指數（Commodity Research Bureau Futures Price Index）最早是由美國商品研究局彙編的商品期貨價格指數，在 1958 年推出，涵蓋了能源、金屬、農產品、畜產品和軟性商品等共 28 種商品期貨合約，是國際商品價格波動的重要參考指標。

CRB 指數，掌握一籃子原物料

　　CRB 指數早期以農產品的權重較大，但為了更正確的反應商品價格趨勢，CRB 指數歷經多次調正，目前能源價格比重較高。在 2005 年路透集團與 Jefferies Financial Product，經過多次調整 CRB 指數後，更名為 TR/J CRB 指數（The Thomson Reuters/Jefferies CRB index）。目前統計 19 種商品，分四大類商品各按不同的權重比，編列組成。但另外還有一個稱為 CCI 指數（The Thomson Reuters Equal Weight Continuous Commodity Index），是 17 種商品組合，但按相同權重平均計算，也可做為參考。

CRB 期貨指數的商品種類與比重

商品種類	商品	權重（%）	各種類權重（%）
能源	西德輕原油	23	39
	熱燃油	5	
	RBOB 無鉛	5	
	天然氣	6	
農產品	玉米	6	20
	黃豆	6	
	小麥	1	
	活牛	6	
	活豬	1	
金屬	黃金	6	20
	白銀	1	
	高級銅	6	
	鋁	6	
	鎳	1	
軟性商品	可可	5	21
	11 號糖	5	
	咖啡	5	
	棉花	5	
	凍橘汁	1	

　　除了上述 CRB 指數之外，The Thomson Reuters/Jefferies 還有編製 CRB 能源、CRB 農業、CRB 工業、CRB 貴金屬等四個指數，可以追蹤不同類別原物料走勢。

　　從 CRB 指數走勢，可簡單掌握全球原物料走勢，也可做為景氣參考指標。如前一波 CRB 指數最高點出現在 2008 年 7 月，顯示景氣過熱，之後 2 個月就出現金融危機，景氣重挫。而 CRB 最低點在 2009 年 3 月，接下來景氣走一波反彈行情。而波段反彈高點出現在 2011 年 4 月，之後 CRB 指數下跌，全球景氣也出現一波修正壓力（參圖 6-5）。

6-5 TR/J CRB 指數，原物料綜合走勢

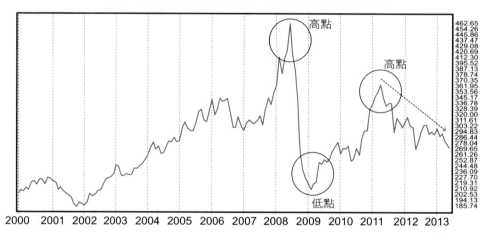

資料來源：MoneyDJ/iQuote，統計期間：2000/1 ～ 2013/6

6-6 MSCI 世界能源指數

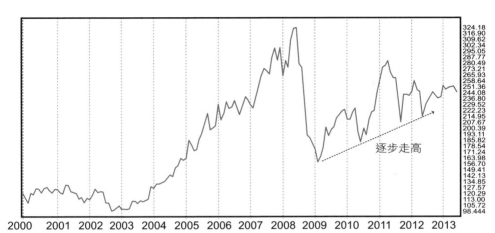

資料來源：MoneyDJ/iQuote，統計期間：2000/1 ～ 2013/6

6-7 MSCI 世界原物料指數

資料來源：MoneyDJ/iQuote，統計期間：2000/1 ～ 2013/6

多種原物料指數，輕鬆掌握景氣趨勢

除了 CRB 指數之外，其實很多國際金融資訊公司也都編製了各種的原物料指數，投資人都可參考。例如，MSCI 編製了 MSCI 世界能源指數、MSCI 世界原物料指數（參圖 6-6、6-7）。另外，高盛編製了高盛能源指數、高盛商品指數、高盛工業金屬指數、高盛貴金屬指數（參圖 6-8、6-9）。此外，原物料投資大師羅傑斯，也編製了 Rogers 金屬指數、Rogers 能源指數。這些原物料相關指數，都可以作為觀察趨勢的參考。

從這幾個不同機構編製的指數，都可以看到相當一致的趨勢，就是從 2003 年起漲，到 2008 年上半年達最高峰，金融海嘯後 2009 年初落底回升，2011 年第一季為短波段高峰，之後回檔修正持續至今。

不過，若觀察高盛貴金屬指數，會發現走勢與其他原物料走勢有些不同，主要是金價在 2011 年仍為多頭走勢，並在 9 月創新高，因此指數高點也出現在 2011 年 9 月，但之後金價反轉下跌，貴金屬指數也轉弱，並出現大幅下跌走勢（參圖 6-9）。

6-8 高盛工業金屬指數

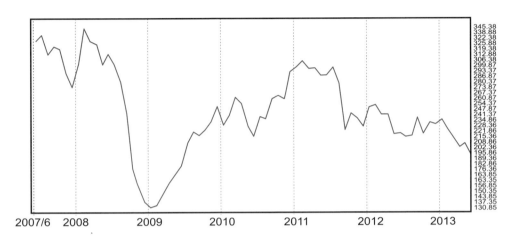

資料來源：MoneyDJ/iQuote，統計期間：2007/6 ～ 2013/6

6-9 高盛貴金屬指數

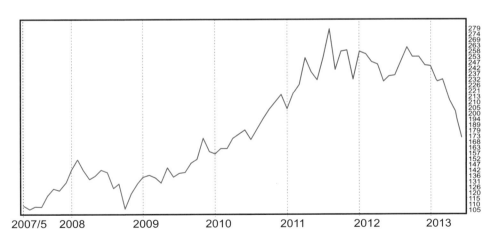

資料來源：MoneyDJ/iQuote，統計期間：2007/1 ～ 2013/3/31

理財秘技 04 股市見高點後，原物料還有一波行情

　　原物料價格與經濟景氣息息相關，因此，當我們看到原物料價格上漲時，究竟該喜還是該憂呢？喜的是，景氣熱絡，企業獲利升高、民眾收入增加。憂的是，物價上漲，企業經營成本升高，民眾購買力下降，最終仍會讓經濟降溫。

　　經濟景氣原本就是不斷循環的周期，根據經濟學理論大致可分為四大市場，一是債券市場（Bonds）、二是股票市場（Stocks）、三是生產市場（Economic Activities）、四是商品市場（Commodities）。這四個市場循環週期不同，有先有慢，通常波動順序是債券市場領先股票市場，股票市場領先生產市場，生產市場又領先原物料市場。

四大市場，債券先行、商品最後

　　一般而言，當景氣**衰退**階段時，會開始降息，**債券**首先展開多頭走勢。而當景氣衰退期接近尾聲，尚未進入**復甦**期時，**股票**市場會領先反彈。之後生產活動慢慢加溫，經濟開始進入復甦期，生產活動開始回升，等經濟活動愈趨熱絡後，原物料價格逐漸上揚。

　　當景氣進入**擴張**期後，各種**原物料商品**價格加速上揚。在經濟擴張期股票市場率先到頂，在擴張期末段生產市場見高峰。當景氣進入**趨緩**階段時，**生產市場**開始降溫，但商品市場卻還有一波高峰。

6-10 四大市場景氣循環有先有後，股市走勢領先原物料

股票市場
生產市場（經濟活動）
債券市場
商品市場

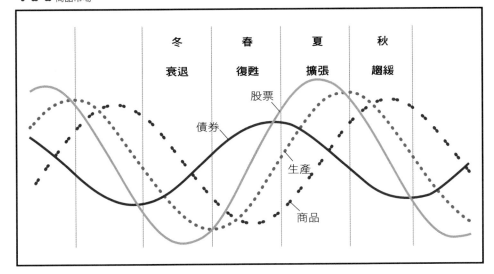

冬　　　春　　　夏　　　秋

衰退　　　復甦　　　擴張　　　趨緩

股票

債券

生產

商品

資料來源：《做個聰明的景氣觀察家——梁國源教你解讀經濟預測》梁國源 著

S&P 500 先創高點，CRB 指數落後半年

我們從全球股市與商品市場波動，也可應證此現象。前波美股在 2007 年 9 月創高點，但 CRB 指數的高點卻是在 2008 年 5 月，由此可見，原物料的高峰落後於股票市場。而進入 2013 年，美股已經領先創新高了，但 CRB 指數則尚未突破 2011 年初的高點，走勢相對較為落後。

6-11 美股 S&P 500 在 2007 年 9 月達最高點

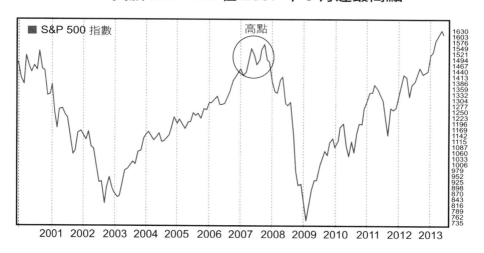

資料來源：MoneyDJ/iQuote，統計期間：2000/1--2013/6

6-11-1 CRB 指數 2008 年 5 月才見高點

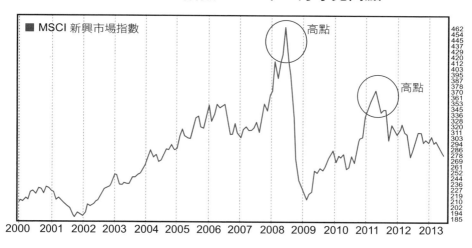

資料來源：MoneyDJ/iQuote，統計期間：2000/1～2013/6

6-12 CRB 指數疲弱，MSCI 新興市場指數也欲振乏力

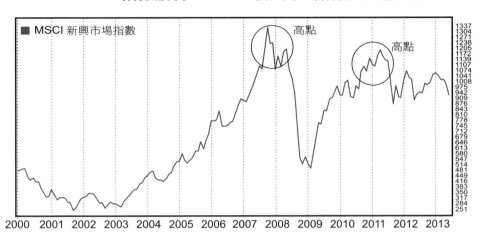

資料來源：MoneyDJ/iQuote，統計期間：2000/1 ～ 2013/6

　　由於新興國家是原物料出口國，也是原物料的需求國，因此，新興國家股市走勢與原物料較為一致。例如 2009 年到 2010 年原物料反彈行情中，MSCI 新興市場指數表現也相當亮麗，但自 2011 年起原物料下跌，新興市場的表現就相當疲弱。相較於美股已經突破 2007 年高點，新興股市與 CRB 走勢相似，距離前波高點，還落後一段距離呢。

　　由於過去十年最主要的原物料需求國中國，正在面臨產業結構調整，以及消化過剩產能的過程，預估未來中國不會像過去般，以大量基礎建設來推動經濟成長，因此，對原物料的需求將不如過去強勁。除非有其他的國家，也開始大力推動建設，否則原物料需求不容易大幅成長，最多只是隨著景氣復甦回升，但不容易挑戰前一波的高點。

05　原物料基金，看 CRB 指數操作

　　台灣投資人在 2007 年、2008 年間積極買進飆漲的原物料基金，想要搭新興國家崛起、美國房地產景氣的熱潮，沒想到次貸危機爆發，讓美夢變成噩夢，至今仍未能解套。不過，原物料需求與經濟景氣相關性極高，未來仍會有表現空間，投資人不需要過於悲觀。

　　前面說過，原物料循環會比經濟生產活動走得慢，等到景氣復甦力道強勁後，才會推升原物料價格上揚，在目前全球景氣仍疲弱的環境下，原物料價格還不至於大幅增溫，再加上近期金價頻頻破底，更增添不少負面影響。預估原物料行情可能要等到 2014 年之後，全球經濟景氣復甦力量更強勁後，才較有表現機會。

6-13 貝萊德世礦基金走勢，與 CRB 指數同步

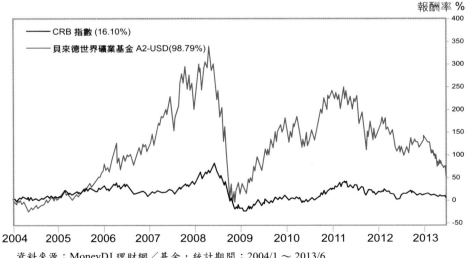

資料來源：MoneyDJ 理財網／基金，統計期間：2004/1 ～ 2013/6

原物料走勢疲弱，原物料基金也難出頭天

投資人從過去走勢就可以了解，原物料基金走勢與原物料價格同步，因此，買原物料基金可以參考 CRB 指數，買天然資源基金可以參考油價或天然資源指數，作為買賣的參考指標。由於原物料有明顯的景氣循環特質，因此，更要仔細掌握買低賣高的重要轉折點，否則，最好採取定時定額投資，才能降低風險。由於到目前為止，都還未看到原物料價格止跌的跡象，因此，原物料基金在短期間內也難有好表現。

農產品價格，季節波動大

原物料不只包含礦產、金屬等硬資產，農、林、漁、牧等產品，也與民生需求息息相關。若農業生產大國發生乾旱或水災，就可能造成全球穀物供需失調。例如，2012 年就因為美國、俄羅斯乾旱，造成黃豆、小麥歉收，價格飆漲，也帶來一波農產品、食品價格波動。

6-14 黃豆價格波動

單位：美分／英斗

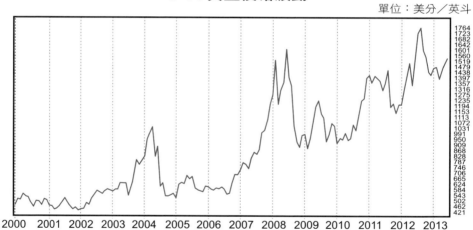

資料來源：MoneyDJ/iQuote，統計期間：2000/1 ～ 2013/6

不過，農產品是季節性產品，若氣候穩定、沒有天然災害，供給回穩後價格就下跌，因此波動性相當大。而未來全球耕地面積減少、天然災害增加、人口數成長……等，也都會對農產品價格帶來更深遠的影響。

6-15 高盛農產品指數

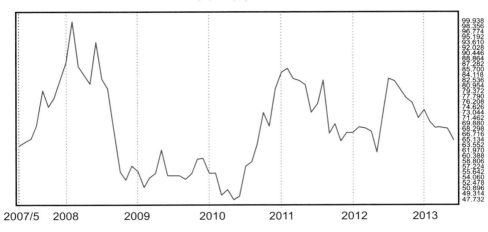

資料來源：MoneyDJ/iQuote，統計期間：2007/6 ～ 2013/6

6-16 農產品基金走勢可參考農產品指數

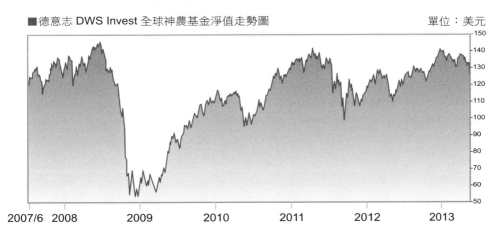

■ 德意志 DWS Invest 全球神農基金淨值走勢圖　　　　　　　單位：美元

資料來源：MoneyDJ 理財網／基金，統計期間：2007/6 ～ 2013/6

　　過去幾年因為農產品價格大幅波動，增加了投資市場對農產品投資的興趣，因此農產品相關基金也增加不少。由於農產品價格波動劇烈，投資人若等價格上揚再投資，可能無法有較好的獲利。若有興趣投資這類基金，不妨多注意農產品相關指數的變化，才能抓住好買點，並在高點適度落袋為安。

INFO.

商品研究局（Commodity Research Bureau）有編製 CRB 現貨指數（CRB BLS Spot Indices），統計 22 種原物料價格，不採取加權平均，除了 CRB 綜合指數之外，也有多種原物料指數可參考。（相關網址 http://www.crbtrader.com/crbindex/）

湯森路透的 **CRB 期貨指數研究方法**，可至下列網址參考
http://thomsonreuters.com/products_services/financial/
thomson_reuters_indices/indices/commodity_indices/

原物料價格與相關指數資訊哪裡找？
目前台灣幾個財經網站，都有整理原物料與相關指數資訊，同時有完整的數據圖表，可追蹤長期走勢。
MoneyDJ 理財網 /iQuote http://www.moneydj.com/iquote/
Stock Q 國際股市指數 http://www.stockq.org/
鉅亨網／期貨 http://www.cnyes.com/futures/

經濟指標 **7**

消費者物價指數

荷包縮水了嗎？

事件 1

臭豆腐漲價 25%，為何物價統計只有漲 2.96%？

物價漲了沒？政府機構的統計說物價上漲率 2.96%，可是身邊真實的生活，卻不是如此。

家附近的夜市，有一家臭豆腐炸的酥脆美味，我們全家人都愛吃，可是，它的價格這一二年來卻持續上漲。原先一盤臭豆腐只要 40 元，還配了大把清爽的泡菜。可是，慢慢的臭豆腐的價格從 40 元，改為 45 元、現在已經調高到 50 元了，算起來臭豆腐的漲幅高達 25%。而旁邊搭配的泡菜也越來越少，甚至還要加個 10 元，才能請老闆多給一些泡菜。

老闆說，黃豆漲價，臭豆腐的進貨成本上漲了，炸油的價格也調高了，再加上店租、冷氣，樣樣漲價，他不得不調高售價。

不只是臭豆腐漲價，夜市裡的蚵仔煎、炸雞排……每樣都調高了價格。走進超市舉凡醬油、衛生紙、罐頭、沙拉油……，每樣也都漲價了。不只這些生活用品漲價，家用的水、電、瓦斯，近年來也多次調高價格，讓小老百姓叫苦連天。身為薪水族，不禁要大呼：「為什麼東西一直漲，只有我的薪水沒有漲？」

物價上漲，小老百姓的感受與政府統計大不同，可是，更重要的是，物價上漲不只與生活支出息息相關，更大大的影響你的投資獲利機會呢！

事件 2
錢存銀行賺利息？其實是負利率

台灣銀行利息真是低的可憐，目前一年期定存利率僅有 1.36%。100 萬元存款一年只能產生 13,600 元的利息。可是，更讓人痛苦的訊息還不止此。因為根據主計處統計，2013 年 2 月台灣消費者物價年增率是 2.96%，意思是去年 10,000 元可以買到的東西，今年要花 10,296 元才買的到。換句話說，錢存在銀行一年所賺取的利息，還不足以支應因為物價上漲所帶來的成本增加，因此，我們會更深刻地感受到，錢越來越薄了。

我們在媒體上會看到「名目所得」與「實質所得」這兩個名詞，可以進一步說明物價的影響力。假如一個薪水族年薪 100 萬元，而這一年物價上漲 2%，讓他的實質購買力降低 2%，因此，他的實質所得只有 98 萬元。所以 **實質所得就是名目所得扣掉物價上漲率之後的所得。**

同樣的，我們在銀行的存款利息，也有名目利率與實質利率的差異。名目利率就是目前銀行公布的存款利率，例如一年期定存 1.36%。但因為物價上漲 2.96%，因此 1.36% 的利息要扣除 2.96% 的物價上漲率，才是實質利率。而按著這個方法計算，台灣目前實質利率為 -1.6%，也就是錢存銀行增值的速度，比不上物價上漲的幅度，因此，台灣實質上是一個負利率環境。

● 實質利率的計算方式：

名目利率－物價上漲率＝實質利率
（1.36% － 2.96%）＝ -1.6%（負利率）

負利率，代表錢存銀行的報酬率低於物價上漲率，也代表財富逐漸縮水。因此，民眾應該要尋找報酬率超過物價上漲率的理財工具，否則，將陷入購買力愈來愈低的惡性循環中。

認識經濟名詞

名目所得－物價上漲率＝實質所得

名目經濟成長率－物價上漲率＝實質經濟成長率

名目利率－物價上漲率＝實質利率

理財秘技 01　消費者物價指數，荷包變大或變小

　　張太太周末到菜市場買一根蔥、蒜，或是到超市買一瓶牛奶、一包衛生紙，她結帳時付出的金額，就是所謂消費者端的價格。把消費者採購各類商品的價格進行統計，編制出來的指數，就稱為消費者物價指數（Consumer Price Index），簡稱 CPI。

　　王老闆經營一個家具工廠，他要生產一張椅子前，必須先進口木材、五金零件，最終在工廠內製成一張椅子，再決定賣給貿易商或零售商的價格。把各類進出口廠商銷售各項原材料、半成品與製成品價格進行統計，所編製出來的指數，稱為躉售物價指數（Wholesales Price Index，簡稱為 WPI），或稱生產者物價指數（Producers Price Index，簡稱 PPI）。前述二個物價指數，在台灣由主計處進行調查統計，每個月 5 日定期發布統計數據。

> **消費者物價指數**（Consumer Price Index）
> 主要反映一般家庭購買消費性產品與服務之價格水準變動情形。涵蓋食物、衣著、居住、交通通訊、醫藥保健、教養娛樂等七大類，台灣主計處分別調查 17 個縣市，370 項產品項目。原以 2001 年為基期 100。自 2013 年起調整為以 2006 年為基期 100。

163

物價漲跌，看消費者物價年增率

　　從民眾的角度，關心的是物價上漲或下跌，漲跌是一個比較的概念，通常都是與去年同期做比較，因此，我們關心的是 CPI 年增率的高低。如果 CPI 年增率 2%，表示跟去年相比，今年物價平均上漲了 2%，去年 100 元的東西現在要用 102 元才能買到。但物價會上漲也可能會下跌，若 CPI 年增率為 -2%，表示今年物價比去年下跌 2%。

　　一般而言，若**景氣擴張**，民眾消費意願升高，可能推升**物價上揚**，或是廠商各項**生產成本上揚**，必須**提高售價**，也可能推升物價上漲。但若**景氣衰退**，民眾消費意願低，可能促使**物價下跌**，或是廠商的各項**生產成本降低**，讓廠商可以**降低售價**，也可推動物價下跌。

7-1 台灣物價指數年增率，通膨的警示指標

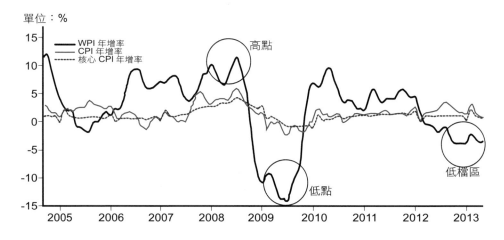

資料來源：XQ 全球贏家，統計期間 2004/7 ～ 2013/5

躉售物價波動，領先消費者物價

由於廠商受景氣波動影響較為直接，**所以躉售物價變動會領先於消費者物價，因此可做為評估物價波動的領先指標，**同時震盪幅度也較大。例如，2008 年上半年全球原物料價格飆漲，台灣躉售物價指數也大幅上揚，2008 年 7 月 WPI 年增率高達 11.44%，但下半年受到金融海嘯衝擊，全球景氣大幅衰退，WPI 年增率在 2009 年 7 月，竟然出現 -13.99% 的負成長現象（參圖 7-1）。

2010 年景氣回溫，WPI 年增率也快速彈升，但 2012 年後則呈現下滑走勢，2012 年 3 月起甚至出現負成長，顯示景氣面低迷，廠商產品價格滑落。至 2013 年 5 月 WPI 都還在負值，顯示原物料價格低迷，全球景氣仍在谷底。

雖然民眾對於物價上漲的敏感度很高，但從統計數據來看，消費者物價波動幅度低於躉售物價波動。前一波消費者物價年增率最高出現在 2008 年 7 月，漲幅高達 5.81%，最低出現在金融海嘯後，2009 年 7 月為 -2.33%。一般消費者物價大約在 2-3% 的範圍內波動。

躉售物價指數（Wholesales Price Index）

主要為反映生產（含進出口）廠商，出售原材料、半成品與製成品的價格變動情形。依照台灣生產結構與進出口結構，包含農林漁牧產品、土石及礦產品、製造業產品與水電燃氣等四大類，台灣主計處共調查內銷品 585 項、進口品 278 項，出口品 279 項，共計 1142 項商品。原以 2001 年為基期 100。自 2013 年起調整為以 2006 年為基期 100。

理財秘技

02 通膨與通縮，一樣要小心

通貨膨脹（inflation）是我們常聽到一個名詞，它是指物價在一段時間內持續上漲，一般多以消費者物價指數年增率（CPI 年增率）來代表通膨率。若物價呈現溫和上漲，對企業與民眾都是有利的，由於預期物價上漲，消費者願意提早消費，讓廠商營收獲利增加，並願意繼續擴大生產。這個良性循環，可帶動經濟持續成長。

但若物價快速上漲，讓民眾覺得成本太高而降低消費意願，則會讓廠商營收獲利減少，並降低生產規模，此惡性循環，讓經濟成長減緩或衰退。例如，當通膨率持續上漲並超過 4% 以上，對經濟成長勢必帶來較大的傷害。

一般經濟快速成長的國家，都會伴隨較高的物價年增率，例如，中國在過去十年經濟快速成長，年成長率高達 10% 以上，而中國的消費者物價年增率也相對較高，前一波高點甚至高達 6 ～ 8% 以上，讓政府不得不採取緊縮降溫措施。而在 2013 年 5 月中國 CPI 年增率僅為 2% 左右，接近歷史低檔區，此也表示中國目前經濟成長疲弱（參圖 7-2）。

通膨過熱，對經濟產生殺傷力

一般經濟擴張階段，也會伴隨著溫和的物價上漲，但若是經濟成長停滯或衰退，但物價卻仍持續大幅上漲，顯示通膨失控，若嚴重惡化將帶來停滯性通貨膨脹（stagflation），通常這對經濟環境的殺傷力

7-2 中國經濟快速成長，CPI 年增率高是一大煩惱

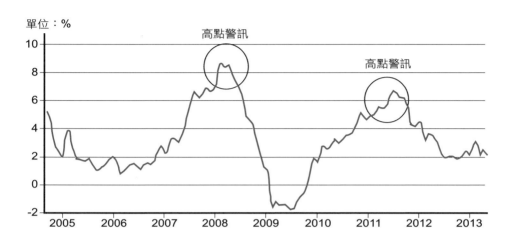

資料來源：XQ 全球贏家，統計期間 2004/7 ～ 2013/5

7-3 日本經濟成長低迷，CPI 年增率為負值

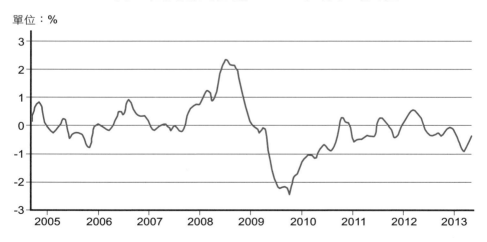

資料來源：XQ 全球贏家，統計期間 2004/7 ～ 2013/5

更大。例如 2008 年上半年景氣下滑、但通膨率升高，最終爆發了全球金融危機。

另外，如果一個國家物價在短時間內大幅飆漲，年漲幅甚至超過 50%，則是所謂的惡性通膨。一般是發生戰爭、政治社會動盪事件時，才會產生惡性通膨現象。近年比較知名的例子是辛巴威，該國 1980 年時，1 辛巴威幣等於 1.5 美元，到 2008 年時，100 兆辛巴威幣僅兌換 25 美元，通貨膨脹率已經不知道要怎麼算了。

通貨緊縮，來自於需求不振

物價上漲好像帶來不小的問題，但物價下跌就好嗎？也不盡然。如果物價長期下跌，民眾預期越晚買東西越便宜，更降低消費意願，廠商因為無法期待獲利成長，降低生產意願，更讓經濟成長減緩或衰退。而物價持續下跌的現象，就稱為通貨緊縮（deflation）。

通貨緊縮一般是源自於供給過多、需求不足，日本在歷經 80 年代的經濟泡沫之後，從 1990 年以來就長期陷入經濟低成長與通貨緊縮，至今被稱為消失的二十年。由於日本長期以來 CPI 年增率都呈現負成長，2013 年新任首相安倍晉三，與日銀總裁野田東彥最重要的任務，就是要藉著大量印鈔票，讓日本擺脫通縮惡夢（參圖 7-3）。

核心消費者物價指數（Core Consumer Price Index）
由於食物與能源類價格波動較劇烈，容易受到季節性或偶發事件影響，扭曲真正消費者價格變動，因此，將食物與能源剔除後編制的消費者物價指數，稱為核心物價指數。

CPI 年增率升高，央行開始升息

　　當經濟景氣熱絡時，廠商願意擴大生產規模，民眾消費能力增加，此將推動 CPI 年增率持續上揚。然而各國中央銀行最要的任務，就是監控經濟成長率與通膨率的平衡，當通膨率升高時，中央銀行會開始踩剎車，包括從公開市場收回資金，或是提高存款準備率、重貼現率、基本利率等，以讓過熱經濟降溫。因此，**通膨率高低，往往成為各國央行是否採取緊縮政策的重要風向球。**

CPI 年增率飆高，央行加速升息

　　以美國為例，2005 年至 2007 年間經濟持續成長，2005 年 9 月 CPI 年增率一度衝高到 4.7% 高水準，讓聯準會神經緊繃，並持續升息。2005 年 1 月聯邦基金利率僅為 2.25%，隨著 CPI 年增率持續攀高，聯準會幾乎每個月都提高利率，到 2006 年 6 月已將利率升高到 5.25%。高利率帶來企業經營與房地產市場的壓力，最終爆發次貸風暴，景氣從高峰轉為衰退（參圖 7-4、7-5）。

　　2008 年上半年因全球原物料價格飆漲，CPI 年增率再度突破 4% 水準，最高到 5.5%，但因為美國景氣已經下滑，聯準會並未再進一步升息，反而是持續降息。而景氣下滑後，CPI 年增率也快速下跌，2009 年上半年並出現負成長。

7-4 美國 CPI 年增率，超過 3% 要提高警覺

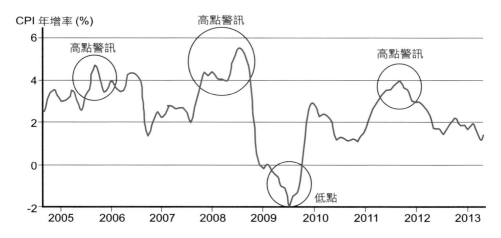

資料來源：XQ 全球贏家，統計期間 2004/7 ～ 2013/5

7-5 美國 CPI 年增率升高，聯準會快速升息

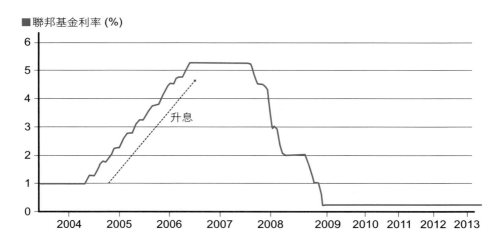

資料來源：XQ 全球贏家，統計期間 2004/7 ～ 2013/5

　　從上述變化可知，景氣擴張階段，物價持續上升，但將帶來央行的緊縮政策。而當景氣成長趨緩時，物價可能還持續創新高，但此時央行卻已經在降息了。因此，消費者物價指數可說是相對落後指標，比景氣趨勢反應慢半拍。

物價是落後指標，要注意警鈴響起

　　因此，投資人不要等到 CPI 年增率到頂，才注意到景氣反轉惡化，應該要從趨勢方向及早掌握風險。一般而言，像美國成熟工業國對通膨率的警戒線約在 3% 左右，若通膨率持續高於 3%，就要注意聯準會的動向。而當通膨率在 4% 以上，則警鈴大作，此時聯準會就會快速升息或採取各種緊縮措施（參圖 7-6）。

7-6 CPI 過熱，美國股市反轉修正

資料來源：MoneyDJ 理財網 /iQuote，統計期間 2004/1 ～ 2013/6

　　若聯準會升息動作暫停，甚至開始討論何時要降息，則預告景氣由盛而衰，將進入經濟降溫期。這時若還伴隨著高通膨率，投資人更要拉高風險意識，趕快降低股票型產品才是明智之舉。

　　雖然進入 2013 年後，投資市場一直討論 QE 何時退場的話題，但**由於第一季美國 CPI 年增率仍維持在 2% 左右低水準，通膨壓力不大**，因此聯準會仍會放心地繼續實施量化寬鬆 QE3、QE4，同時聯邦基金利率也可維持在 0 ～ 0.25% 的水準。**由於 CPI 年增率在低水位，央行還沒有採取緊縮大動作，因此，投資人可以放心投資。**

理財口訣 --

消費者物價指數持續上漲，景氣成長。
消費者物價指數持續下跌，景氣減緩。
成熟國家消費者物價指數年增率超過 3%，要提高警覺。

原物料價格與通膨率，
是孿生兄弟

前面我們分析，原物料是所有廠商產品的上游成本，原物料價格高低反應了景氣好壞。當原物料價格從谷底翻轉向上，顯示景氣好轉，企業獲利增加，這個時候投資人可以樂觀期待景氣來臨，增加股票型產品的投資。

但若原物料價格持續上揚，最終讓廠商經營成本升高，不得不調高售價，則首先帶動躉售物價指數上揚，接下來也將帶動消費者物價指數上漲，因此，原物料價格成長率與物價上漲率，可說是亦步亦趨的孿生兄弟。

CRB 指數上揚，通膨壓力升高

我們看 CRB 指數變動可知，隨著景氣擴張、CRB 指數持續上揚，美國 CPI 年增率也跟著上揚。自 2003 年以來全球景氣逐漸復甦，原物料價格也持續攀升，2006 年上半年 CRB 指數來到波段高點，之後在美國央行多次升息緊縮下進行一波修正，而美國 CPI 年增率也跟著滑落（參圖 7-7、7-8）。

不過，2007 年下半年，原物料又呈現大幅飆漲走勢，CPI 年增率也節節攀高，最終全球經濟景氣都受到致命的衝擊。我們看 MSCI 新興市場股市指數，在 2007 年下半年衝上最高點，但在通膨壓力大增下，最終反轉重挫（參圖 7-9）。

7-7 CRB 指數顯示原物料成本變動方向

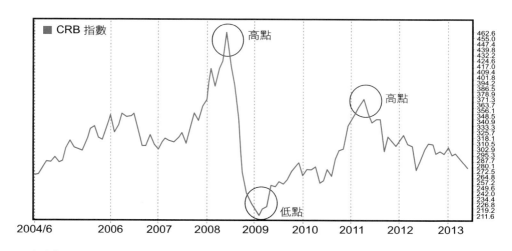

資料來源：MoneyDJ/iQuote，統計期間 2004/7 ～ 2013/6

7-8 美國 CPI 年增率，與原物料價格走勢一致

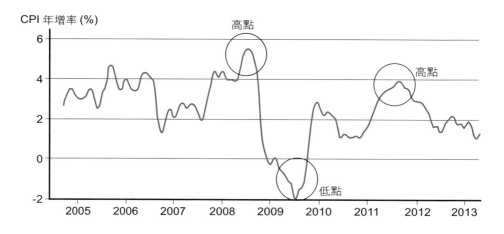

資料來源：XQ 全球贏家，統計期間 2004/7 ～ 2013/5

7-9 MSCI 新興市場股市指數，走勢與 CPI 走勢同向

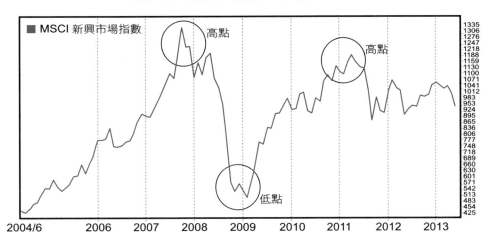

資料來源：MoneyDJ/iQuote，統計期間 2004/7 ～ 2013/6

　　當我們要判斷景氣是否過熱時，原物料價格走勢、消費者物價漲幅，都是幫助我們判斷的重要訊號。2011 年上半年原物料價格上漲，通膨升高，最終仍帶來股市的修正，MSCI 新興市場股市指數在 2011年 3 月進行回檔整理。

　　進入 2013 年，CRB 指數還持續下跌，原物料價格並未出現飆漲，**CPI 年增率也在低檔**，全球景氣仍在谷底，距離景氣過熱還很遙遠。因此，**投資人可以持續加碼股票型基金**，等待真正景氣行情來臨。

理財口訣

原物料價格上漲，消費者物價指數上漲，景氣成長。
原物料價格下跌，消費者物價指數下跌，景氣減緩。

理財
秘技

05 高通膨警訊響起，
賣出股票型基金

各國央行多觀察消費者物價指數高低，作為利率升降的重要參考指標，一般而言，消費者物價年增率超過 3% 是一個危險警戒線，股票投資人要開始提高警覺。若通膨率持續上升，並接近歷史高檔區時，代表景氣已經進入過熱階段，接下來投資應該轉為保守。

簡單的投資法則，**當 CPI 年增率大增時，股票型基金應該逐步減碼**，而當景氣下滑、同時 CPI 年增率卻創高點時，應該把股票比重降到最低。而**當看到 CPI 年增率在高點，而央行卻開始降息時，更顯示景氣轉壞，應該佈局債券基金。**

CPI 年增率飆高，股票基金居高思危

舉例來看，2005 年至 2007 年全球景氣持續熱絡，以投資全球股市為主的富蘭克林坦伯頓全球基金，績效表現持續上揚，但 2007 年底、2008 年初，CPI 年增率介於歷史高檔區時，股票基金的表現呈現高檔震盪往下。因此，從 2008 年上半年起應該開始減碼股票型基金，並可避開 2008 年下半年的金融海嘯（參圖 7-10）。

由於目前 CPI 年增率仍在低水準、各國央行也尚未升息，因此，股票型基金仍維持多頭走勢。但未來要觀察，若 CPI 持續走高、各國央行開始積極升息，則首先要注意債券型基金受到利率上升的風險。接下來，若景氣持續攀升、CPI 又接近高水位區時，顯示景氣過熱，應該要賣出股票型基金。

7-10 通膨過熱時，要賣出股票型產品

■富蘭克林坦伯頓全球基金淨值走勢圖　　　　　　　　　　單位：美元

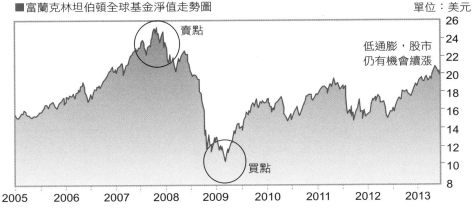

資料來源：MoneyDJ 理財網 / 基金，統計期間 2005/1 ～ -2013/6

理財口訣 ---

經濟高成長，通膨率在高檔區，賣出股票基金
經濟低成長，通膨率在低檔區，買進股票基金

INFO.

相關資料哪裡查？
美國勞工統計局
http://www.bls.gov/home.htm
台灣主計處／統計專區
http://www.dgbas.gov.tw/np.asp?ctNode=2825&mp=1
中國國家統計局
http://www.stats.gov.cn/index.htm

經濟指標 8

消費者支出

買越多景氣越好

事件 1
台灣民眾 12 年來薪資倒退嚕

　　台灣薪水族日子好苦，過去十二年來薪水幾乎是原地踏步，面對不斷上漲的物價，台灣民眾所得實質上是倒退嚕。根據主計處統計，2000 年台灣國民平均薪資為 41,861 元，而 2012 年的平均薪資為 45,888 元，十二年來僅成長 4.3%，但若扣除這十二年來的物價上漲率，則實質薪資為負成長。

　　台灣民眾薪資低成長的現象，連國際媒體都注意到，2012 年富比世雜誌還特別報導，台灣製造業勞工從 2001 年到 2010 年間平均薪資下滑 4.5%，在評比的三十多個國家當中，台灣製造業從 2007 年之後的三年間，衰退幅度排第一名。但同一期間，新加坡與韓國的薪資卻是正成長，顯示台灣薪資惡化程度令人擔憂。

　　雖然從每人平均國民所得統計來看，從 2000 年每人每年 13,299 美元，成長至 2012 年每人 17,732 美元，成長幅度有 33%，但從民眾實際的薪資水準來看，落差卻很大。

　　台灣民眾薪資失落了 12 年，對照台股走勢，在 2000 年創下 10393 的高峰之後，至今 12 年來都無法再創新高。未來，國民薪資若仍然倒退嚕，則台股未來也令人擔憂。

理財秘技 01 個人所得與消費支出成長，景氣成長訊號

去年公司業績大幅成長，老闆宣布幫員工加薪，志強的薪水調幅有 5%，聽到這個消息之後，他馬上打電話給老婆說，「今晚不用煮飯了，全家吃大餐去。」吃晚飯的時候，志強帶著興奮的眼神跟太太說「老婆，除了加薪之外，今年員工分紅我領到 50 萬元獎金，老爺車開很久了，現在我可以換車了嗎？」

這個簡單的故事，說明了經濟景氣的連鎖反應，景氣成長帶動企業獲利增加，同時也帶動個人所得成長。而個人所得增加後，又可創造更多消費支出、耐久財支出，並進而帶動景氣持續成長。因此，國民所得、消費支出，也是衡量景氣好壞的重要指標。

消費支出佔美國 GDP 七成

美國商務部每個月都會公布個人所得（Personal Income, PI）與個人消費支出（Personal Consumption Expenditure, PCE）。這二個數據之所以受到重視，主要因為在美國，消費支出佔 GDP 比重將近七成；而個人的消費能力當然與所得的多寡有絕對關係。

個人所得來源很多，包括薪資、股息、利息、租金……等，其中以薪資所得佔近六成為最大宗，股利及利息收入則佔約兩成。一般而言，企業要等獲利持續一段時間後，才會調整勞工薪資，因此，薪資變動屬於落後指標。而消費支出則是較敏感的指標，顯示消費者對於未來環境是樂觀還是保守的心理預期。

8-1 美國個人所得年增率，2010 年後溫和成長

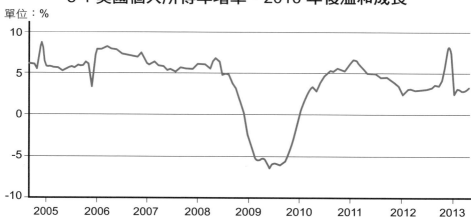

單位：%

資料來源：XQ 全球贏家，統計期間 2004/7 ～ 2013/5

　　個人消費包括了民眾在各項耐久財（如汽車，住宅相關）、非耐久財及服務方面的支出。耐久財部分可從汽車及房屋銷售來預估，非耐久財部分也能從零售業業績得到線索；服務支出雖不易估計但相當穩定，因此一般在預估消費支出時，主要是看耐久及非耐久財的部分。

景氣擴張期，所得、消費支出成長

　　通常在景氣成長階段，各項商業活動熱絡使得個人收入提高，消費者對於未來相當樂觀，從而增加消費支出，進一步刺激景氣，因此，經濟成長階段也伴隨著消費支出成長。但在景氣趨緩衰退階段，個人擔心未來所得無法成長或緊縮，進而減少消費支出，此反而讓景氣更一步萎縮，因此，經濟衰退階段也伴隨著消費支出減少。

　　觀察個人所得變動主要是看個人所得年增率，以美國 2005 年到

8-2 美國消費者支出年增率，2010 年後為正成長

單位：%

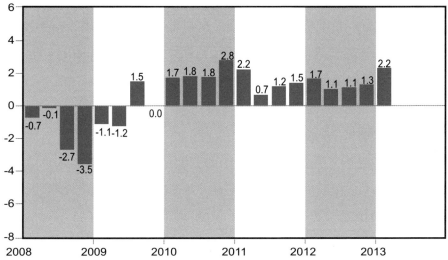

資料來源：Haver Analytics, 2013/5

8-3 美國 GDP 成長率，從 2009 年下半年為正成長

單位：%

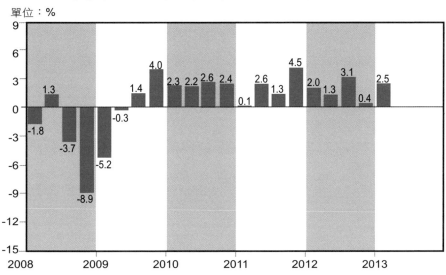

資料來源：Haver Analytics, 2013/5

2008 年中，都可維持在 5% 以上的正成長，此時美國景氣呈現正向成長。但 2008 年下半年，個人所得年增率出現明顯的下滑與負成長，此也預告消費力將下滑。而此同時，我們看美國消費支出年增率，從 2008 年開始轉為負成長，在 2009 年仍呈現衰退走勢，此顯示 2008 年起，景氣成長力道轉弱（參圖 8-1、8-2）。

消費支出屬於落後指標

2010 年之後，美國個人所得年增率開始轉為正成長，2011 年第一季見高點，之後成長幅度些微下滑，我們觀察此階段的消費支出，也同樣在 2010 年開始呈現正成長，2011 年仍持續正成長，只是幅度縮小一些。此走勢與美國 GDP 經濟成長率的走勢，也相當一致（參圖 8-2、8-3）。

個人所得、消費支出，與經濟景氣變動呈現同向發展，不過它屬於落後指標，可以用來確認趨勢方向，但在景氣熱絡的高點時，消費支出也在高檔，要特別注意趨勢反轉的風險。

耐久財汽車、房屋銷售，確認景氣方向

當景氣趨勢成長時，民眾感受到樂觀預期，首先會增加一般性民生消費支出，等到確認景氣趨勢可以持續，才會進步購買耐久財，例如家電、家具等產品，甚至是汽車、房地產等更高價的產品。因此，汽車、房地產的銷售量，也是用來確認景氣趨勢的指標。

汽車銷售與景氣關係密切

美國人日常生活不可或缺的汽車銷售量，可以掌握到景氣變動趨勢。美國年汽車銷售量大約維持在 1,500 萬輛以上，但從 2008 年銷售數量逐漸滑落，也預告了美國民間消費動能明顯緊縮（參圖 8-4）。

而此汽車銷量持續下滑近二年時間，最低在 2009 年銷售僅 900萬輛，直到 2010 年之後才呈現穩健增長走勢，到 2012 年再次突破1,400 萬輛的關卡。而從美國汽車銷售量穩健成長，也可看到美國景氣正在逐漸加溫中。

從美股走勢對照，美國汽車銷售量從 2008 年持續下滑後，景氣轉壞的風險升高，此時應該開始降低股票比重。而當汽車銷售量從谷底回升，顯示景氣未再惡化了，則是可以開始加碼股票的時機了（參圖 8-5）。

8-4 美國汽車銷售，2010 年起持續復甦

單位：萬輛（年銷售量估算）

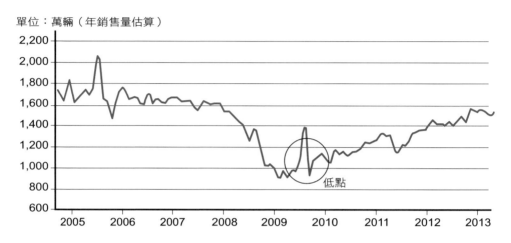

低點

資料來源：XQ 全球贏家，統計期間 2004/7 ～ 2013/5

8-5 美國 S&P500 指數，2009 年起觸底回升

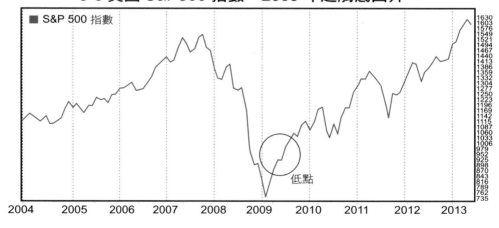

■ S&P 500 指數

低點

資料來源：MoneyDJ 理財網，統計期間 2004/7 ～ 2013/6

房地產市場四大指標，探知房市水溫

　　房地產市場更是重要的觀察指標，特別是美國 2007 年的景氣反轉，源自於房地產市場泡沫，因此，美國是否脫離景氣困境，房地產市場能否起死回生，絕對是重要關鍵。

　　我們可以觀察幾個與房地產相關的指標，包括，建築許可、營建支出、新屋銷售、成屋銷售等數據，來觀察房地產市場的變動。如果房市需求增加、房屋銷售量成長，廠商會積極推案，進而讓建築許可數增加，有了建築許可才能開始動工，可進一步增加營建支出，而房屋蓋好後新屋銷售增長，建商又會進一步申請建築許可，此將推動產業朝正向循環，但相反亦然。美國商務部每個月會統計建築許可、營建支出與新屋銷售的數據，成屋銷售則是由美國不動產仲介協會統計。

新屋、成屋銷售由盛而衰，預告房市降溫

　　美國新屋銷售在 2005 年 7 月最高峰達 138 萬戶（以月銷售戶數推估年銷售戶數），當時房市可說是熱到最高點，到 2006 年 6 月之前，都還可以維持在年度 100 萬戶的高水準。但之後銷售數量逐漸減緩，2007 年底僅 62 萬戶水準，僅為高峰的一半，房市已經透露警訊（參圖 8-6）。同時，美國成屋銷售也在 2005 年 9 月創下最高峰 721 萬戶（以月銷售戶數推估年銷售戶數），在 2006 年底前都還維持在 600 萬戶的水準，但到 2007 年底僅剩 441 萬戶，房市明顯降溫（參圖 8-7）。

　　同樣的，建築許可在 2005 年 9 月達到最高峰 226 萬戶（年戶數推估），到 2006 年降為 163 萬戶，在 2008 年 5 月更跌破 100 萬戶（參圖 8-8）。營建支出在 2006 年 3 月到達最高峰 1.2 兆美元（年度金額推估），之後也是一路下滑，顯示建築支出持續降溫（參圖 8-9）。

建築許可、營建支出回溫，預見房市春天

　　為控制房市過熱現象，美國聯準會 2005 年起，一路拉高聯邦基金利率水準，2006 年 6 月更來到 5.25% 高水準，從美國房市四大指標來看，2007 年起房市明顯降溫，最終並引爆次貸危機。由此可知，當利率水準攀高時，最終會帶來房地產市場的修正。

　　在歷經金融風暴的襲擊，美國聯準會目前採取零利率政策，房市也逐步復甦。建築許可、營建支出已經從谷底慢慢回升。成屋銷售 2013 年 5 月回升到 518 萬戶（年預估戶數），終於回到 500 萬戶水準，新屋銷售 47.6 萬戶（年預估），也慢慢回溫。雖然不是強勁復甦，但美國房地產市場最壞的情況，應該已經過去了。這也顯示美國的經濟正走在復甦的軌道上。

8-6 美國新屋銷售，從谷底回升

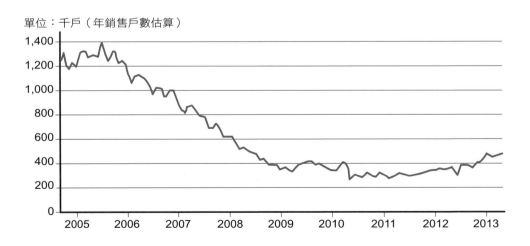

單位：千戶（年銷售戶數估算）

資料來源：XQ 全球贏家，統計期間 2004/7 ～ 2013/5

8-7 美國成屋銷售，從谷底回升

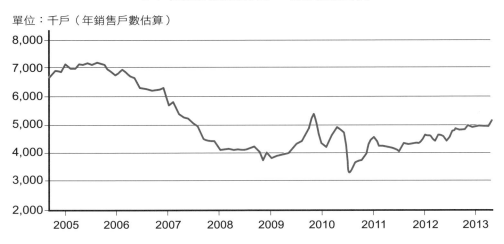

單位：千戶（年銷售戶數估算）

資料來源：XQ 全球贏家，統計期間 2004/7 ～ 2013/5

8-8 美國建築許可，從谷底回升

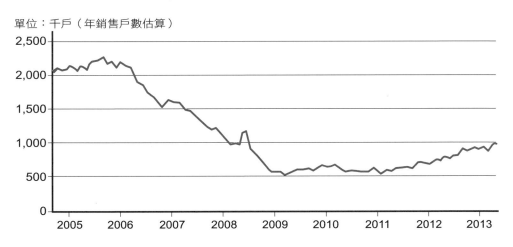

單位：千戶（年銷售戶數估算）

資料來源：XQ 全球贏家，統計期間 2004/7 ～ 2013/5

8-9 美國營建支出，從谷底回升

單位：百萬美元（年度金額估算）

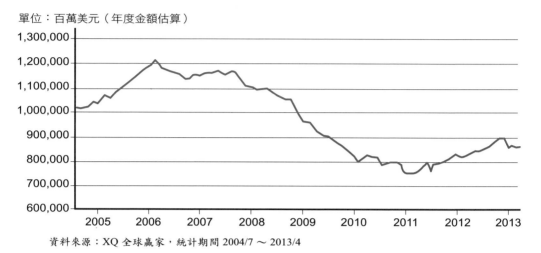

資料來源：XQ 全球贏家，統計期間 2004/7 ～ 2013/4

中國房市動向，下一個關注重點

美國房地產歷經榮景與泡沫，對全球市場帶來深遠衝擊，而中國房市過熱的危機，是否已經解除，後續發展也受到全球關注。我們可以根據中國國家統計局公布的房地產開發景氣指數，來追蹤中國房市動向。

中國房地產景氣指數涵蓋了房地產開發投資、房屋施工面積、新屋開工面積、土地購買面積、土地成交價格、房屋竣工面積，商品房銷售面積、銷售價、待售面積、房地產開發商到位資金……等多項統計組合而成。

該指數在 2007 年 12 月以前，多呈現高檔走勢，從 2008 年起逐步走低，在金融海嘯後來到指數低點 95 附近，之後 2009 年大幅反彈。然而在政策面強力調控下，2010 年起呈現持續下滑，房市過熱走勢似乎受到控制（參圖 8-10）。

8-10 中國房地產景氣指數，近期轉強

■中國全國房地產景氣指數

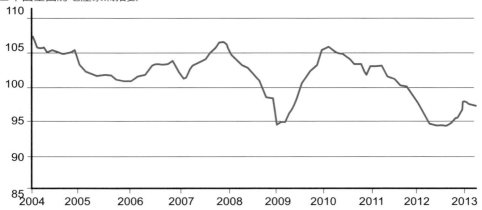

資料來源：XQ 全球贏家，統計期間 2003/11 ～ 2013/5

8-11 中國商品房銷售，2013 年 3 月起官方嚴控

單位：成長率 %

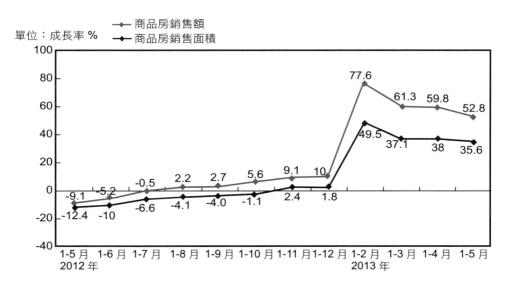

資料來源：中國國家統計局，統計期間 2012/1 ～ 2013/5

191

國務院新國五條，嚴格管控房市

但從 2012 年第四季起，房地產景氣指數開始攀升，2013 年前二個月商品房銷售，也呈現大幅攀升走勢。不過，國務院在 2013 年2 月宣布採取「新國五條」，緊縮房市政策。嚴格限制商品房購房資格、房貸額度、提高稅負…等措施，希望能管控投機性買賣，讓房市降溫。因此，之後幾個月商品房銷售面積與金額都下滑，顯示官方對於房市仍採取緊縮措施（參圖 8-11）。而少了房市火車頭的帶動，中國經濟的復甦力道也顯得疲弱了許多。

理財秘技 03 消費信心指數，投資落後指標

　　為了解消費者對於未來消費的心態，目前有許多機構編製各國消費者信心指數，以掌握消費者對未來景氣趨勢的看法。例如，美國是由美國經濟諮商理事會（The Conference Board）委託 Nielsen 調查執行，每個月公布。

　　消費者信心指數（Consumer Confidence Index），主要是為了瞭解消費者對經濟環境的信心強弱程度，透過抽樣調查，反應消費者對目前與往後六個月的經濟景氣、就業情況與個人財務狀況的感受和看法。

對未來收入看好，消費信心增強

　　受訪者被問到對「目前企業景氣情況」、「目前就業情況」的感受，作出「很好」、「普通」或「不佳」的看法，同時對於「六個月後企業景氣情況」、「六個月後就業情況」、以及「六個月後收入」的問題，表明認為「會更好」、「與現在相同」或「更差」的看法。以 1985 年為基期 100 編列指數。

　　若經濟景氣持續擴張，消費者對未來消費信心增強，則**消費信心指數會往上攀高**，若**景氣下滑**，消費者對未來消費信心轉弱，則**消費信心指數會下跌**。

美國消費信心從谷底回升

　　以美國為例，2007 年之前消費信心指數多維持在 100 以上，但 2007 年 9 月跌破 100，之後持續往下滑落，顯示消費信心日漸惡化。該指數在金融海嘯後暴跌，2009 年 2 月甚至降到 25.3 的低水準，之後緩步上升。目前指數底部慢慢墊高，2013 年 6 月並已經來到 81.4，顯示消費信心正在緩步成長中（參圖 8-12）。

8-12 美國消費者信心指數，逐漸攀升

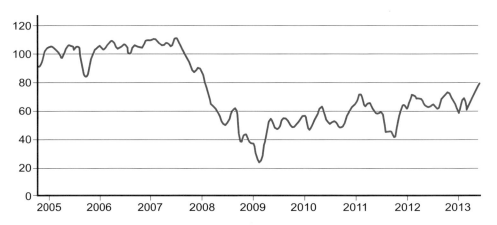

資料來源：XQ 全球贏家，統計期間 2004/7 ～ 2013/6

　　除了美國經濟諮商理事會所進行的消費者信心指數調查之外，密西根大學也有編製消費者信心指數，可以作為參考。台灣也有消費者信心指數，是由中央大學主辦，輔仁大學調查，台灣綜合研究院協辦，每個月定期公布。台灣消費者信心指數的走勢，也與景氣走勢相當一致（參圖 8-13）。

8-13 台灣消費者信心指數，修正後轉強

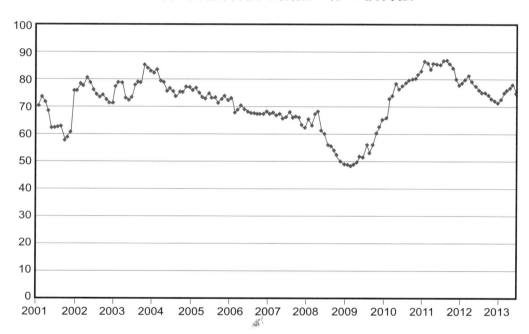

資料來源：台灣綜合研究院，統計期間 2001/1 ～ 2013/6

紅酒指數，富豪消費指標？

看膩了硬梆梆的統計數字，有什麼更貼近民生消費的指標，能一探景氣趨勢呢？深受富豪名流喜愛的紅酒，也是其中一個參考指標。紅酒指數在富豪圈與金融圈早就熟知，但在投資市場上廣傳，則是因前任行政院長陳冲「紅酒指數與無基之彈」的談話而爆紅。

2009 年 2 月，才剛經歷全球金融海嘯，投資人對股市失去信心，但當時行政院長陳冲卻很有信心的表示，外資持續買超，台股會有一波行情。同時，他還指出紅酒指數已經開始反彈，對未來行情不需要太悲觀。

陳冲的說法，事後證明相當準確，台股確實自此一飛衝天，而國際紅酒指數也同樣出現強勁反彈。因此，敏感的投資人以後在品嘗紅酒時，也不仿同時掌握一下景氣趨勢。

景氣復甦，紅酒價格成長

英國 Liv-ex 是一家專業提供葡萄酒資訊與價格的公司，該公司編製的紅酒指數，是國際間最具公信力的葡萄酒銷售指標，它區分為 50 檔成分股（The Liv-ex 50 Fine Wine Index）、100 檔成分股（The Liv-ex 100 Fine Wine Index）和 500 檔成份股（The Liv-ex 500 Fine Wine Index）和干紅指數（The Claret Chip Index）、高級葡萄酒投資指數（The Liv-ex Fine Wine Investables Index）等五種指數。

8-14 紅酒指數目前朝正向發展

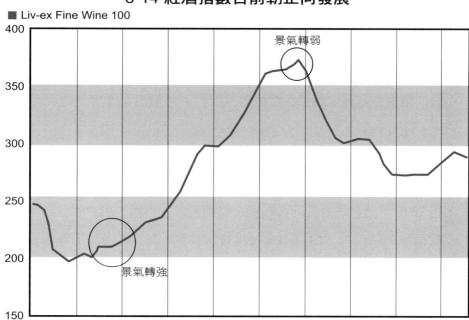

■ Liv-ex Fine Wine 100

景氣轉弱

景氣轉強

資料來源：Liv-ex 網站，統計期間 2008/8 ～ 2013/6

8-15 全球消費產業基金與消費支出息息相關

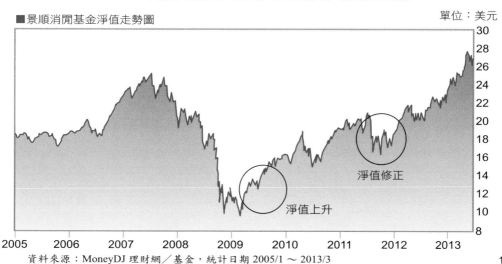

■景順消閒基金淨值走勢圖

單位：美元

淨值修正

淨值上升

資料來源：MoneyDJ 理財網／基金，統計日期 2005/1 ～ 2013/3

　　紅酒指數是選擇 100 支或 500 支具代表性酒莊出產的紅酒，做為成分股，編製成紅酒指數，和其他外國股市指數類似，各酒類在同時段的價格反映於指數上，做為投資者或酒類消費者買賣紅酒的參考。由於使用者多為金字塔頂端有錢人，因此，也可說是專屬有錢人的指數。

　　雖說有錢人較不受經濟景氣影響，但從紅酒價格指數來看，似乎不盡然。因為紅酒的價格波動，近年來確實與景氣波動亦步亦趨。例如在 2008 年受全球景氣下滑影響，紅酒指數也下跌，而 2009 到 2010 年則呈現強勁走勢，但 2011 年後的紅酒指數又呈現下跌走勢，直到 2012 年 11 月之後才出現回升走勢（參圖 8-14）。

消費基金，掌握消費成長趨勢

　　若對照一檔全球消費產業基金走勢，2008 年上半年紅酒指數從高檔下跌，景順消閒基金的走勢也逐漸下滑，而到 2009 年初紅酒指數開始回升後，消閒基金的走勢也回升。其中，2011 年 5 月之後，消費動能雖然減緩，基金走勢也有小幅度修正，不過之後基金走勢再創新高，表現與美股走勢一致。未來若全球消費動能增強，消費產業基金應該還有持續上漲空間（參圖 8-15）。

INFO.

相關資料哪裡查：
美國商務部統計局
http://www.bea.gov/
中國國家統計局
http://www.stats.gov.cn/index.htm
台灣主計處／統計專區／薪資及生產力統計
http://www.dgbas.gov.tw/ct.asp?xItem=13213&CtNode=3504&mp=1
台灣消費者信心指數
http://www.tri.org.tw/page/consumer.php
紅酒指數
http://www.liv-ex.com/

經濟指標 9

失業率

探知就業市場成績單

事件 **1**

西班牙年輕人失業率 50%

　　想到西班牙，就想到藍藍的海、陽光普照的大地，充滿藝術氣息的建築，還有熱情冶豔的佛朗明哥舞蹈。原該是歡笑、享樂的天堂，現在卻成為全世界失業率最高的國家。音樂再也無法響起，年輕人還沒有施展才能的機會，就已經被判定為失落的一群。

　　根據歐洲統計局在 2013 年 2 月的統計，歐元地區國家平均失業率是 12%，比美國 7.7% 高出許多，顯示歐洲經濟仍陷在困境中。其中，西班牙失業率竟高達 26.3%，是歐元區國家中最高，也是全球最高的失業率。想想，每四個勞工就有一個失業，這個國家的下一步該怎麼走，似乎沒有人有答案。

西班牙失業率高達 26.3%，全球最高

　　根據 2013 年 2 月統計，歐元區國家的失業率普遍偏高，包括葡萄牙 17.5%，愛爾蘭 14.2%，義大利 11.6%，法國也高達 10.8%，剛獲得紓困的賽普勒斯，失業率也有 13.7%。可以發現，歐元區國家的經濟還陷在深深的泥沼當中，失業率處在 10% 以上的高水準，其中西班牙更高達 26.3%，情況非常危急。甚至，西班牙 25 歲以下勞工的失業率更超過 50%，年輕人一半以上找不到工作，註定成為被世界遺忘的一群。

　　許多研究都在探討，為什麼西班牙失業率居高不下？這當然包括了外在與內在兩大因素。外在因素是西班牙加入歐洲共同體之後，面臨會員國內部的競爭衝擊，北部以工業為主的地區，受到共同市場的

衝擊，導致出口萎縮、獲利下降；而南部主要為農業地區，也面臨農業轉型工業，農業勞動力過剩的問題。西班牙唯一能抵擋外來競爭的產業，只剩下以觀光業為主的服務業而已。

僵化薪資與失業給付，拖垮就業市場

而內在因素則是西班牙僵化的工資計算制度與社會保險制度。西班牙的薪資報酬由一套複雜的制度計算，因此工資無法及時反映當前經濟狀況。即使在景氣衰退與低通膨的狀況下，西班牙平均薪資卻依舊成長，而且全職員工資遣費龐大，裁員成本高昂，企業為了省錢寧願不招募新血。

此外，西班牙請領失業保險的條件也過於寬鬆，失業前 6 年只要有 12 個月的投保年資就能領取，幾乎是歐盟最寬鬆的國家，此也造成許多青少年失業之後不積極找工作，只要領取失業給付就心滿意足。

諸多原因，造成西班牙高失業的奇特景象，也讓年輕人失去機會與希望。而高失業狀態若持續下去，最終會爆發什麼危機呢？全世界的人都在擔心著……。

事件 2
台灣發明的無薪假

2008 年 9 月美國爆發雷曼兄弟破產事件，全球陷入金融恐慌，更進而帶來後續的經濟大衰退。台灣企業也深受其害，情況惡劣前所

未見。2008 年 12 月，台灣第一大企業台積電，竟然宣布員工休無薪假，之後也陸續傳出新竹科學園區多家廠商，紛紛實施無薪假。沒有裁員卻讓員工休無薪假，是好是壞呢？

所謂「無薪假」，是指企業因為營收縮減或獲利減少，而必須要縮減員工工時或給予休假，而在勞工休假期間不支付工資，以降低經營成本。企業不裁員，而選擇替代方案，只降低員工上班天數，彈性降低勞工成本。主要是企業可能主觀認為，不景氣只是短期現象，若採取彈性措施因應，等景氣復甦就可恢復工時，對企業與勞工雙方都有利。但也有勞工團體認為，這是變相的減薪，對勞工權益有損。

實施無薪假，可得諾貝爾獎？

不過，無薪假的實施，確實讓台灣科技產業挺過 2008 年金融海嘯的衝擊，並未造成更大幅度的裁員行動。而當時的行政院長吳敦義還曾經讚許，「發明無薪假的人可以得諾貝爾獎」，不過，這個發言卻引起一陣撻伐與討論。

之後勞委會規定，無薪假的實施雇主不得片面採行，也就是要與勞工共同協商，同時，最低薪資給付有相關的規定，此外，企業若實施無薪假也必須要通報，讓主管機構得以掌握相關資訊。

2009 年下半年，經濟情勢有所改善，實施無薪假的企業大幅減少。而 2012 年由於景氣復甦不甚理想，仍陸續有企業實施無薪假，相關資訊勞委會每個月都會公告。無薪假是企業因應景氣變化的應變策略，由於沒有實際的裁員行動，因此失業率的統計無法反映此現象，算是一種彈性作法。因此，在台灣不只是看失業率高低，還要搭配看無薪假通報企業數與人數來做觀察。

理財秘技 01　失業率攀高，景氣惡化

　　失業率是指失業人口占勞動人口的比率，用於衡量閒置中的勞動產能與浪費的資源。通常失業率越高，代表閒置的人力資源越多，對於追求成長的經濟體而言並非好現象。一般在經濟擴張的環境中，企業積極聘僱勞工、增加工時，會讓失業率降低，而在經濟衰退的環境中，企業緊縮工時、甚至減少勞工，會讓失業率升高。因此，失業率高低也是評估景氣的重要指標之一。

　　造成失業的原因很多，失業的結構來源需進一步了解，才能探知真正的問題。

1. **摩擦性失業**：有些人處於變換工作的情況下而登記為失業。這種失業有主動性的與被動性的，主動性的可能因個人主觀有轉換工作的需求，被動性的可能因為企業經營上的困境或是產業轉型，必須縮減勞工或轉換職能需求，而造成勞工的失業。增加職業訓練計畫與提高資訊溝通，讓失業者能掌握就業機會，或等企業經營面改善、增加勞工需求，就可降低這方面的失業。

2. **結構性失業**：指勞工所處的地理位置與擁有的技能，無法配合既有的工作機會，通常因原先所服務的產業，因科技進步或進口競爭而衰敗。例如紡織廠大量外移，造成原紡織廠勞工找不到新的就業機會。

3. **季節性失業**：農業、營建業與旅遊業，特別容易受季節性因素影響。

4. **隱藏性失業**：因找不到就業機會，乾脆放棄找工作的失業者，通常不在失業率的統計範圍內。

失業是景氣落後指標

失業率是一項經濟落後指標，因為雇用或解除雇用員工通常需要耗費一定成本，企業在景氣初露疲態時，通常會先以縮減工時因應，直到狀況愈趨嚴峻，才會考慮裁員。同樣地，景氣好轉時企業也會先以增加工時的方式因應，最後才考慮擴大雇用。

雖然失業率屬於景氣落後指標，但失業率對於一般消費者信心會有重大影響；如果無法確保未來工作是否穩當，消費者將採取保守的支出態度，從而影響消費支出，阻礙經濟的復甦成長。

9-1 台灣失業率，2008 年攀高、2010 年後下滑

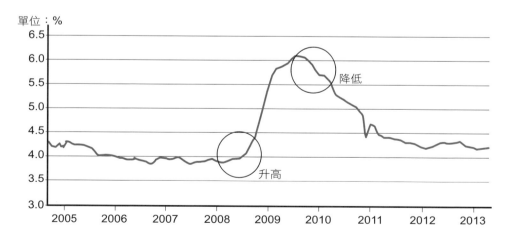

資料來源：XQ 全球贏家，統計日期 2004/7 ～ 2013/5

失業率下滑，顯示景氣改善

我們從台灣過去幾年的失業率變化，可以掌握景氣變化趨勢。如 2005 年到 2007 年之間，經濟景氣持續擴張，失業率走勢也緩慢下跌。但從 2008 年起景氣趨緩，失業率呈現慢慢攀高的走勢，在 2008 年 8 月突破 4%，之後又逢全球金融風暴，失業率更大幅飆高，最高在 2009 年 8 月達到 6.04%（參圖 9-1）。

不過台灣景氣燈號在 2009 年下半年，已經從綠燈衝上黃紅燈，顯示景氣轉趨熱絡，但失業率卻仍在高檔，此也顯示失業率的落後特性。

2010 年後台灣失業率持續走低，至 2013 年 5 月已降至 4.19%，雖然 2011 年與 2013 年 5 月台灣歷經 10 個藍燈、9 個黃藍燈的景氣調整期，但失業率並未進一步惡化，顯示廠商經營狀態還算穩定。預估未來經濟景氣持續改善後，失業率應該可進一步降低。

就業人數增加，景氣動能加溫

　　除了看負面反應的失業率之外，也可以從正面的企業雇用人數，來觀察景氣的變化趨勢。在台灣可以觀察受雇人數年增率的變化，2006 至 2007 年間，受雇人數年增率明顯成長，但 2007 年之後就呈現緩慢下滑走勢，顯示企業並不積極聘僱勞工，這是景氣成長減緩的警訊。2008 年到 2009 年間，受雇人數更呈現快速縮小趨勢，顯示景氣進入衰退階段（參圖 9-2）。

9-2 台灣受雇人數年增率，觀察景氣變化

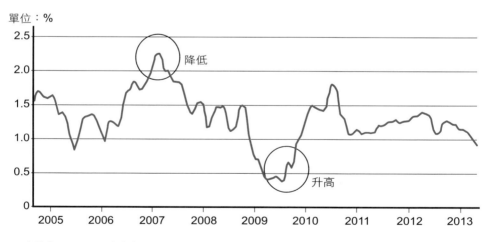

資料來源：XQ 全球贏家，統計期間 2004/7 ～ 2013/5

直到 2009 年 8 月之後，受雇人數年增率才開始恢復成長，但除了 2010 年成長幅度較大之外，2011 到 2013 年間增幅縮小，顯示景氣成長停滯。未來要等景氣復甦力道更強勁後，才能看到受雇人數年增率再度往上攀高。

美國非農業就業人數，重要景氣指標

景氣好壞會影響就業人數的變化，因此，美國勞工部每個月公布的相關勞工統計，都是投資市場重要的觀察指標，其中非農業就業人數，更受到廣泛的重視。

從過去數據可以看到，從 2008 年起非農業就業人數出現減少現象，這是先前幾年未見的，此強烈暗示景氣趨勢改變。2008 年至2009 年就業市場持續惡化，直到 2010 年才出現就業人數正成長，此時失業率才能逐漸降低（參圖 9-3）。

9-3 美國非農業就業人數，正成長但力道不足

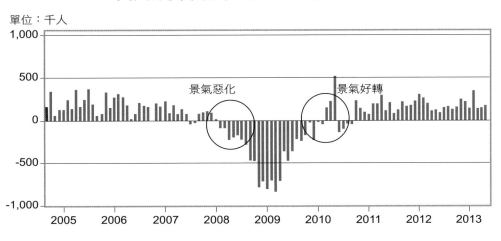

資料來源：XQ 全球贏家，統計期間 2004/7 ～ 2013/5

9-4 美國連續申請失業救濟人數，持續降低中

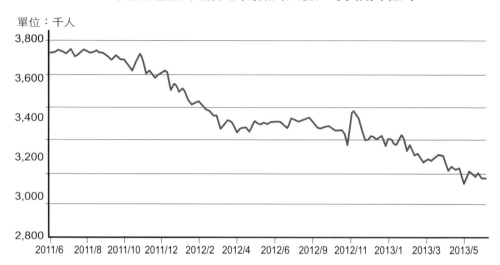

單位：千人

資料來源：XQ 全球贏家，統計日期 2011/6 ～ 2013/6

9-5 美國勞工平均一週工作時數，已看到明顯增長

單位：小時

趨勢上升

資料來源：XQ 全球贏家，統計期間 2004/7 ～ 2013/5

　　根據美國經濟學家評估，美國每月非農業新增就業人數，要達到 25 萬人以上，才是一個比較健康的水準，而至 2013 年 5 月僅月增 17.5 萬人，顯示就業動能仍然不強。因此，美國失業率降低的速度相當緩慢。

工時增加、失業救濟人數減少，景氣加溫訊號

　　除了觀察非農業就業人數之外，也可以觀察初次請領失業救濟人數，與連續請領失業救濟人數。可以想見，**景氣成長期，初次與連續請領失業救濟人數將會降低，而景氣衰退階段，初次與連續請領失業救濟人數將會升高。**這些同樣都是就業、失業的統計，可以用來觀察景氣環境的變化。按照美國 2013 年 6 月數據，連續申請失業救濟人數持續降低，顯示情況有所改善，不過總人數還有 296 萬人，依然是不小的數字（參圖 9-4）。

　　此外，平均每月工作時數、每周工作時數年增率、平均薪資年增率，也是就業市場的重要參考資訊。因為企業當業務需求增加，一般先增加工時，等到景氣復甦更為明確後，才會增加勞工聘僱，因此，工時是較為敏感的指標。而薪資調整速度會比較落後，要等到企業獲利成長，才會考慮調整工資（參圖 9-5）。

失業率降低買股票，
就業人數減少買債券

　　一般而言，就業人數增加、勞工工時增加、薪資年增率上揚，失業率降低，都顯示經濟景氣擴張，對股市是利多消息。但相反的，就業人數減少、勞工工時降低、薪資年增率停滯或下滑，失業率升高，表示景氣衰退，對股市是利空消息。

　　不過，失業率是落後指標，通常經濟開始復甦一段時間後，失業率才會降低，而景氣已經轉壞一段時間，失業率才會升高，因此，**觀察失業率主要是確認趨勢方向，不是作為短線投資進出的主要參考指標。**

股市先反彈、失業率還在攀高

　　以美國為例，美國在 2005 到 2007 年景氣持續成長，失業率持續降低，此時美國股市 S&P500 指數續創新高。但美國股市在 2007 年 10 月見頂，之後開始反轉下跌，而失業率此時仍維持在相對低檔，有落後反應的現象（參圖 9-6、9-7）。

　　在金融海嘯衝擊後，美股 S&P 500 率先在 2009 年 3 月觸底反彈，但此時失業率仍持續升高，一直到 2010 年達到 10% 高峰後，才開始從高檔向下。進到 2013 年 5 月美股 S&P 500 指數已經創歷史新高了，但美國失業率仍在 7.6% 的高水準。

9-6 美國失業率，反應比經濟景氣落後

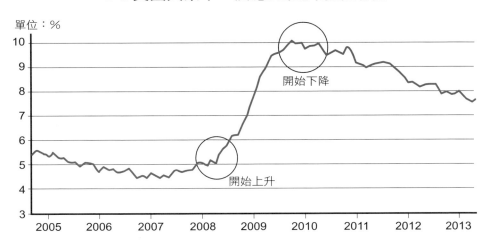

單位：%

開始下降

開始上升

資料來源：XQ 全球贏家，統計期間 2004/7 ～ 2013/5

9-7 美國 S&P500 指數，走勢領先失業率變動

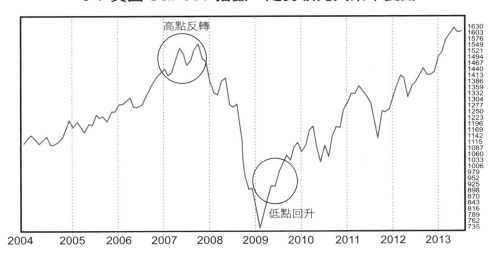

高點反轉

低點回升

資料來源：MoneyDJ 理財網 /iQuote，統計期間 2004/1 ～ 2013/6

聯準會續推 QE，目標失業率降至 6.5%

美國聯準會主席柏南克在實施二次量化寬鬆政策後，又推出第三、第四次量化寬鬆，最主要的原因就是美國就業市場並未出現強勁復甦，因而繼續採取寬鬆政策刺激經濟。柏南克甚至明確的點出，在失業率降到 7% 以下才考慮降低 QE 規模，而失業率降到 6.5% 以下，才會停止 QE。

不過，美國失業率高不僅是景氣問題，還有部分是結構性失業的問題，以及政府刪減支出必須減縮政府部門人力，因此，失業率要大幅降低並不容易。

失業率反應慢半拍

投資人要如何看失業率數據，來決定投資方向呢？其實很簡單，**只要失業率持續降低，表示景氣持續改善，可以繼續持有股票型產品**。例如，我們看 2010 年起失業率持續下跌，美國股市 S&P 500 指數不斷攀升，而觀察這段時間，美國股票型基金也是持續上漲。

不過，前面提過，失業率是落後指標，美國 S&P 500 指數率先在 2009 年第一季開始從低點回升，但美國失業率卻在 2009 年繼續創高，直到 2010 年才開始下滑。所以，可不能等到失業率下滑時才進場買股票，可就錯過一大段行情了。

工時、就業人數變化，多方掌握景氣動向

當景氣持續走揚、失業率不斷降低的環境中，股市持續呈現多頭走勢。但要注意的警訊是，當就業人數從正增長，轉為成長數變小或負成長，平均工時逐漸降低，失業率又從低檔開始往上升，此時要提

9-8 美國股票型基金走勢，與 S&P500 指數同步

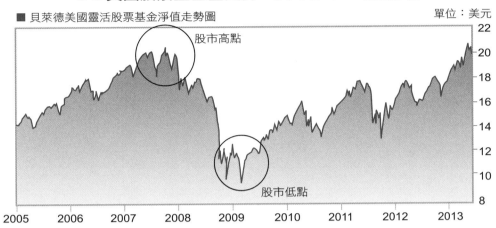

資料來源：MondyDJ 理財網／基金，統計時間 2005/1 ～ 2013/6

高警覺，景氣可能由盛而衰。此時應該開始降低股票比重，轉而增加保守的債券投資。

　　從就業、失業的趨勢來看，美國目前都朝向景氣復甦的方向前進，因此，股市雖然已經創新高了，但景氣面仍持續改善，股市多頭仍可持續。

INFO.

相關資訊哪裡查：
美國勞工統計局 http://www.bls.gov/
歐盟統計局
http://epp.eurostat.ec.europa.eu/portal/page/portal/
eurostat/home
台灣行政院主計處 / 政府統計總覽
http://www.dgbas.gov.tw/ct.asp?xItem=13213&CtNode=3504
&mp=1

經濟指標 **10**

恐慌指數

掌握市場心理學

事件 1

SARS 打出台股底部

2002 年 11 月中國廣東傳出有一種怪病，醫院裡的病患陸續死亡，事後證實是一種嚴重急性呼吸系統綜合症（簡稱為 SARS），但由於中國隱瞞相關病情，並未向世界衛生組織通報，因而導致疫情擴大。到 2003 年 3 月疫情逐漸蔓延，包括香港也傳出感染與死亡事件，讓全球進入緊急戒備狀態。

2003 年 4 月台灣也陸續傳出相關疫情，全民陷入恐慌，當時民眾搶買 N95 口罩，進出公共場所要消毒洗手，而 4 月 24 日台北和平醫院為免疫情擴大，實施封院管制，被隔離醫護人員與病人的驚恐眼神，震撼全台灣。

在驚恐氣氛中，台股呈現重挫走勢，2003 年 4 月台股最低跌到 4,044 點，但是恐慌最高點，卻也是台股的最低點。2003 年 4 月正是前一波台股的起漲點，之後展開了長達五年的大多頭市場。

事件 2

雷曼金融風暴後，股市最佳買點

2008 年 9 月 15 日，美國第四大投資銀行雷曼兄弟申請破產，後續更引爆了全球性的金融風暴。雷曼兄弟原先在房地產貸款抵押證券化業務獨占鰲頭，但房地產市場崩盤，讓雷曼兄弟受到重大衝擊，而透過他擔保發行的各種衍生性金融商品，也因為雷曼兄弟破產，引發

連鎖暴跌，以至於全球金融市場像骨牌推倒般，遭受連鎖重擊。甚至遙遠的台灣，也有眾多投資人購買了雷曼兄弟相關的連動債券，以致於血本無歸。

雷曼事件爆發後，全球金融市場陷入恐慌，股票市場更是重挫，以美股 S&P 500 指數為例，短短三個月內，跌幅高達 30%，而台股 3 個月內的跌幅更高達 43%。當時媒體以金融海嘯來形容這次危機的影響，而此風暴延燒，甚至導致冰島這個國家破產。而當時許多經濟學家推測，全球將陷入經濟大蕭條，影響層面將更甚於 1930 年代大蕭條的慘況。

不過，在全球政府振興經濟方案與全球央行寬鬆貨幣政策下，全球股市卻在風暴中打下最低點，從 2009 年開始展開反彈行情。

VIX 指數，投資人的恐慌指標

　　心理學是一門深奧的學問，因為，人就是不理性。明明我們知道，投資要買低賣高，但往往股市大漲時，投資人才敢勇於買進股票，而當股市大跌時，投資人則急著要拋售股票。這種越漲越有信心，越跌越恐慌的心情，總是主導著我們的投資行為。

　　股票市場是一個快速反應的市場，期貨市場由於採取槓桿倍數操作，敏感度更甚於股票市場，因此，要衡量投資人對市場的心理期待，可以觀察 VIX 指數。

　　VIX 指數是指芝加哥選擇權交易所波動率指數（Chicago Board Options Exchange Volatility Index），用以反映 S&P 500 指數期貨選擇權的波動程度，測量未來三十天市場預期的波動程度。若波動度越高，表示市場不安的情緒越高，因此，有人稱此為恐慌指數。

VIX 飆高，投資人恐慌

　　在 2004 年到 2006 年美國經濟穩定復甦期中，VIX 指數大多維持在 20 以下的低水位，美國股市表現也呈現多頭走勢。到 2007 年中之後，VIX 指數突破 20，且上下振盪波動加大，顯示市場不安情緒增加。2008 年下半年，金融市場擔憂氣氛快速上升，VIX 指數更一舉突破 30，美國股市已出現空頭氣氛（參圖 10-1）。

　　2008 年 9 月爆發雷曼兄弟金融風暴，VIX 指數在 10 月更飆高到接近 60 的高檔區，顯示當時投資人情緒極度恐慌。但之後在美國推

10-1 VIX 指數從谷底攀升時，股市要減碼

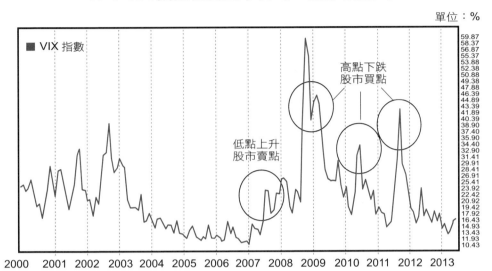

單位：%

資料來源：MoneyDJ 理財網 /iQuote，統計期間：2000/1 ～ 2013/6

出多項振興方案後，恐慌氣氛得以舒緩，VIX 指數在 2009 年間從 45 的高檔區，一路下跌至 25。

VIX 維持在低檔，投資人樂觀

在 2010 年到 2012 年間，VIX 指數趨勢方向雖然往下，但有二次出現飆高危機，一次是 2010 年 5 月歐豬五國的債務危機風暴，另一次是 2011 年 8 月美國被調降信評危機。後面一項風險，讓 VIX 指數又快速竄升至 40 以上的警戒水位。但在美國聯準會持續採取量化寬鬆與美國舉債上限提高後，市場又恢復平靜，VIX 指數在危機降低後又下跌。

2012 年中之後，美股展開強勁走勢，VIX 指數也一直維持在 20 以下的低檔區。2013 年 5 月美股突破歷史高點，VIX 指數仍持續在低檔，顯示目前美股投資人仍然對未來抱持樂觀態度。

VIX 指數 20 以下可抱股，25 以上股票減碼

投資市場的名言說，「人棄我取、人取我棄」，才是投資成功之道。那麼用在 VIX 指數的觀察上，我們也應該遵循巴菲特法則，「當人們恐慌時，我們應該貪婪，而當人們貪婪時，我們應該恐慌」。因此，當 VIX 指數在低檔時，投資人要提高警覺，而當 VIX 在高檔時，投資人應該要大膽搶進。

通常 VIX 指數超過 40 時，表示市場對未來出現非理性恐慌，短期內可能出現反彈。相對的，當 VIX 指數低於 15，表示市場出現非理性樂觀，可能會伴隨著賣壓殺盤。這雖然是反市場操作的原理原則，但投資時還是要觀察趨勢方向，才不會太早搶進，或是太早賣出。

VIX 指標在高檔區，往往是股市相對低檔

舉例來看，從 2004 到 2006 年三年時間，VIX 指數一直維持在低檔，如果看到 VIX 低檔就賣股票，可就錯過了股市大行情。因此，當景氣趨勢持續成長，VIX 指數又維持在低檔時，股票還是可以續抱。但若景氣趨勢出現過熱現象，股市又在高檔，此時 VIX 卻在低檔，這時候才要提高警覺。一旦 VIX 突破 20，並持續往上攀升，甚至突破 25，則是股票減碼的重要轉折點（參圖 10-1、10-2）。

相對的，當景氣趨勢衰退，或遇有突發事件讓股市重挫，而同時 VIX 指標卻在 40 以上的高檔區時，反而要注意何時可以進場投資。

此時，所有經濟數據都不好，股市在低檔、甚至還持續破底，但一旦
VIX 指數沒有再創高，反而從高點持續下滑，就是分批進場佈局的好
時點。

VIX 指數在低檔，可搭配景氣指標觀察

　　以美國股市走勢觀察，進入 2013 年股市指數雖然創新高，VIX
也在低點，看似應該戒慎恐懼，不過，因為目前美國經濟並非處在強
勁復甦的過熱期，因此，VIX 應該會維持在低檔區。雖然 6 月份因為
擔心 QE 退場，股市也出現回檔修正走勢，VIX 指數因而小幅升高，
不過都還維持在 20 以下的低檔區，顯示市場恐慌氣氛並不特別高。

10-2 S&P500 指數，VIX 高點都是股市好買點

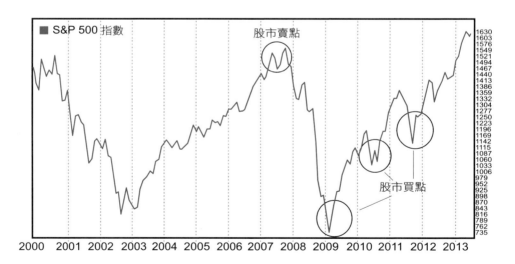

資料來源：MoneyDJ 理財網 /iQuote，統計期間：2000/1 ～ 2013/6

　　由於投資市場中常會出現短期意外事件，增添市場波動性，因此，未來觀察 VIX 變動還要搭配景氣指標一起觀察，大方向會更具參考性。

　　此外，除了 S&P500 波動率指數外，道瓊的波動率指數（VDX）、那斯達克的波動率指數（VXN），也都可以作為觀察投資人信心的參考。由於美股榮枯影響全球股市，因此，VIX 指數可用來觀察美股，也可做為掌握全球股市的參考。

投資人情緒指數，反著做就對了

　　除了看選擇權波動率之外，台灣也針對投資人對未來的期待，編製了 e 股民情緒指數。這個指數是由世新大學財務金融系編製，由波仕特公司以網路問卷進行調查，主要是詢問 18 歲以上，過去一年有買股票的投資人，對於未來股票投資的看法是樂觀還是悲觀。目前每周調查一次，定期公布數據。

10-3 投資人情緒指數高點，小心股市高點到

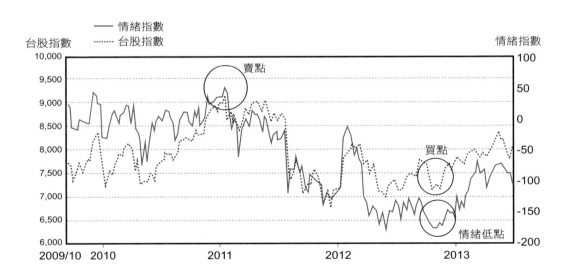

資料來源：世新大學財務金融系，統計時間 2009/10 ～ 2013/6

　　根據過去幾年的調查結果，該指數與股市走勢相當一致，但波動性比股市漲跌幅更為劇烈。也就是說，當股市上漲時，投資人的樂觀情緒更高，而當股市下跌時，投資人的悲觀情緒更大。

　　投資人如果要參考此指數，應該是**股市在相對高檔，而投資人情緒指數創高點時，要小心股市反轉的風險。**而當股市在相對低檔，而投資人情緒指數也在低檔區時，反而是較好的買進時點。

　　不過，從 2012 年 4 月以來，e 股民情緒指數幾乎都在低檔盤整，顯示台灣投資人對台股信心不足，直到 2013 年 1 月之後才有一些回升。**而要掌握台股走勢，不彷注意當股市指數在低檔，而情緒指數也在低檔且偏離幅度較大時，會是較好的買點。**

04 成交量、投資人數，
都是股市反指標

　　投資市場一向喜歡跟投資人唱反調，當投資人熱情擁抱股市時，往往是股市的相對高點，而當市場上都沒有人想投資時，反而是股市的最佳買點。從中長期投資的角度來看，要掌握股市大趨勢潮的最高點與最低點，成交量可透露出訊息。

　　我們看台股月成交金額的變動，就可以掌握重要轉折點。在 2007 年 7 月台股成交量衝上 5.03 兆元，創下近七年新高紀錄，當月台股指數最高點是 9,807 點，之後 2007 年 10 月台股來到波段最高點 9,859 點，當月台股成交量只有 3.55 兆元。股價創新高，但成交量卻無法再突破，可確認 5.03 兆元是最大量，最大量表示投資人勇於搶進股市，但卻也是投資市場過熱的警訊，這個時候就是賣出股票的最佳時機（參圖 10-4）。

　　同樣的，在 2008 年底金融海嘯的衝擊下，股市暴跌，成交量也萎縮。2009 年 1 月單月成交量只有 8630 億元，創下近七年來新低量，之後成交量逐漸增溫，未再見此低量。因此可確認 8630 億元是最低量，投資市場呈現急凍，往往也是股市相對低點。確實之後股市大幅反彈，而 1 月也是買進股票最佳時機。

　　從成交量的轉折變化可知，當月成交量創新高時，顯示市場過熱，應該要賣出股票，而當成交量創新低時，顯示投資人遠離股市，反而是最好的買進點。不過，台股從 2012 年開始討論課徵證所稅之後，成交量大幅萎縮，每月成交量僅在 1.5 兆到 1.8 兆之間，失去

10-4 台股成交爆大量，股市見高點

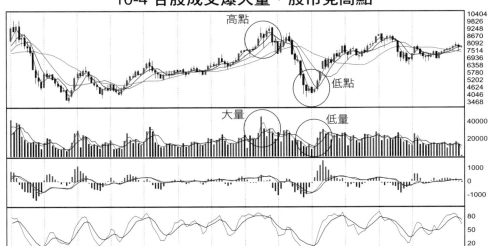

資料來源：XQ 全球贏家，統計期間 2000/1 ～ 2013/6

量能的台股也欲振乏力。到 2013 年 6 月立法院再度通過證所稅修正版，把 8500 點的課稅天險拿掉，符合課稅條件的人數大幅縮小，證所稅的干擾終於降低，未來台股成交量能否回溫，可持續觀察。

定時定額基金人數創低點，是股票好買點

另外，基金投資人數也是觀察市場是否過熱的一個反指標，特別是定時定額投資人數的變動。投資人往往在市場熱絡、投資信心增加時，才會增加定時定額基金投資，因此，**投資人數越多，顯示股市過熱，風險增加。**而定時定額投資人數大幅降低，顯示投資人沒有信心，股市處在相對低檔，反而是可以買進股票的好時機。

10-5 定時定額人數創新高，股市見高點

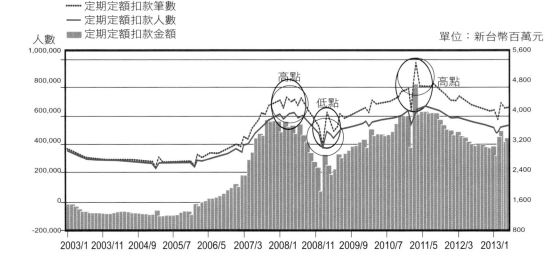

資料來源：Money DJ 理財網／基金，統計時間：2003/1 ～ 2013/5

目前投信投顧公會針對直接向投信公司購買基金的投資人，每月公布投資人數統計，從歷史數據來看，前一波定時定額投資人數最高峰出現在 2008 年 1 月與 2008 年 5 月，人數分別是 60.3 萬人與 61.3 萬人，前者是股市最高點，後者是原物料最高點。之後景氣下滑、股市修正，定時定額投資人數最低點出現在 2009 年 1 月僅 36.7 萬人，也是海嘯後股市的最低點（參圖 10-5）。

隨著股市回升，定時定額投資人數也慢慢增溫，近期人數最高峰出現在 2011 年 3 月，人數達 64.5 萬人創新高紀錄，但同樣的，股市也是從此開始進入回檔修正期。2013 年 2 月定時定額投資人數降到 47.3 萬人，處在相對低水位區，投資人不妨密切觀察，若人數持續降低，較好的股票買點又要出現了。

　　由於台灣投信公司發行的基金，涵蓋國內外股票與債券，但債券以單筆投資較多，定時定額則是以股票投資為主，因此，定時定額人數與全球股市變動關係較密切，不純粹只與台股相關。不過，投信發行的基金中，台股佔的比例較高，所以，該人數也可用於觀察台股的人氣走向。

INFO.

VIX 指數的資訊哪裡查：
MoneyDJ 理財網 /iQuote(http://www.moneydj.com/iquote/)
StockQ 國際股市指數 (http://www.stockq.org/)
台灣 e 股民情緒指數 http://blog.cnyes.com/My/shinfin/
定時定額基金投資人數：
中華民國投信投顧公會 http://www.sitca.org.tw/

結語㈠
黃金不再金光閃閃

　　原先備受投資人寵愛的黃金，目前已經成為落難英雄，身價大不如前。金價從 2011 年 9 月最高價每盎司 1,920 美元，到 2013 年 6 月跌破每盎司 1200 美元，跌幅高達 37.5%，走了十年多頭的黃金盛世風華不再。

　　2012 年 3 月份，我首次在部落格上發表一篇文章「黃金不再金光閃閃」，當時金價剛跌破每盎司 1,700 美元，我提醒黃金高點已過，最好減碼降低風險。之後金價盤整快一年，到 2013 年 2 月又跌破 1,600 美元關卡，我在今年 3 月再次發表文章，對金價看法保守。

　　過去一年半來，每次金價下跌，周邊朋友就問我是否可以買黃金，我都一路維持看空的態度，至今仍然沒有改變。究竟金價要修正到哪裡才算底呢？我只能說，目前還看不到底部在哪裡？

不能僅從實體黃金供需，看金價走勢

　　影響金價走勢的因素，首先從供給與需求面來分析。在供給面要看黃金開採量、官方售出量、黃金回流量、生產者投資者的避險賣出量。在需求面則看製造業與金銀珠寶業的黃金需求，官方買入量、實體投資與金融投資的需求量。

　　屬於工業生產、金銀珠寶加工的需求，跟經濟景氣相關性較高，需求幅度增長有限。但前幾年因為黃金 ETF 大受歡迎，暴增不少 ETF

基金買進實體黃金的需求。

　　但影響金價走勢，除了實體黃金供需變化之外，兼具投資、避險、抗通膨效果的黃金，更容易受到美元、油價、原物料、通膨、全球景氣、股價等投資市場的牽動，呈現上下波動走勢。

黃金多頭從 2001 年起漲

　　從長期走勢來看，金價在 1996 年至 2001 年間，從每盎司 400 美元跌至 250 美元附近，呈現空頭走勢。但從 2001 年後，金價卻展開大多頭行情，一直到 2011 年 9 月衝上每盎司 1,920 美元的價位，十年黃金歲月，金價漲幅高達 668% 以上（參圖 11-1）。

　　不可諱言，第一波 2001 年至 2007 年金價上漲，與經濟復甦、新興市場崛起，全球原物料價格暴漲有關，但 2008 年金融海嘯衝擊、景氣下滑，所有原物料價格都大幅修正，金價卻持續創新高，顯見第二波漲勢與避險、投機需求有關。

　　受到 2010 年歐債與歐元危機的衝擊，再加上 2011 年美國債務危機，全球貨幣市場出現前所未有的信心危機，美元價格暴跌，讓黃金避險需求大增，甚至各國央行也紛紛增加黃金儲備。而金價大漲又推升黃金投機需求增加，黃金期貨、黃金 ETF 成交量大幅擴增。黃金扮演亂世英雄的角色，成為混亂中唯一可靠的保值工具。

美元走弱，推升金價創高

　　金價前一波在 2008 年 3 月創下波段高點每盎司 1032 美元後，與大部分原物料一樣，隨著景氣下滑而下跌，2008 年 10 月在金融海嘯衝擊下，金價最低跌到每盎司 680 美元。但之後全球股市還未站穩，

金價卻領先反彈，在 2009 年 2 月重新站上 1,000 美元價位，之後更呈現強勁走勢。

在全球經濟遭逢次貸風暴與金融危機襲擊下，所有股市與商品都震盪疲弱，唯有金價逆勢上漲，此跟美元的弱勢脫離不了關係。尤其是在美債與歐債危機爆發之際，黃金扮演了避險英雄的角色，再加上投機需求推波助瀾，推動金價大幅上揚。

從美元走勢來看，2010 年 5 月暴發歐豬五國債務危機之際，美元指數在 2010 年 6 月來到 88.7 的高價區，但之後美元則直線滑落。原因包括美國經濟景氣不佳，甚至擔心美國的高額債務，影響美國信用評等，因此，美元指數一路跌到 2011 年 5 月最低點 72.69（參圖 11-2）。

而在此同時，金價則呈現強勢多頭走勢，從 2010 年 6 月站上每盎司 1,200 美元價位，並一路飆漲到 2011 年 9 月的 1,920.94 美元，這段期間可說是金價最後的暴衝期。

不過，關鍵轉折點卻在出現在 2011 年 8 月 5 日，當標準普爾將美國長期主權信用評等從 AAA 降為 AA+，雖然此造成金融市場大震撼，但卻也讓美元與美股利空出盡。美元指數從此反而逐步墊高，美國股市也自 2011 年 10 月起開始回升，自此展開另一波多頭走勢。

QE 退場，支撐美元多頭走勢

2012 年美國經濟還在晦暗不明的狀態，美國聯準會持續採行寬鬆政策，美元走勢持平。由於美國經濟復甦力道不夠強勁，聯準會在 2012 年 9 月、2013 年 1 月，還分別推出 QE3、QE4，每個月持續買進 850 億美元公債，增加資金寬鬆環境。

11-1 金價 2012 年以來持續下跌

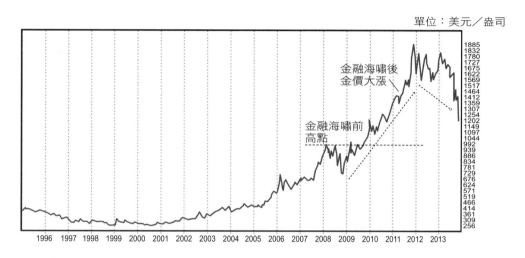

單位：美元／盎司

金融海嘯後
金價大漲

金融海嘯前
高點

1996 1997 1998 1999 2000 2001 2002 2003 2004 2005 2006 2007 2008 2009 2010 2011 2012 2013

資料來源：MoneyDJ 理財網 /iQuote，統計日期:1996/1 ～ 2013/6

11-2 美元指數 2012 年以來逐漸轉強

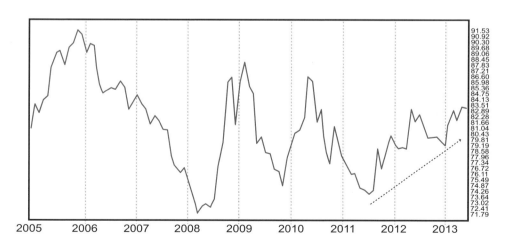

2005 2006 2007 2008 2009 2010 2011 2012 2013

資料來源:MoneyDJ 理財網 /iQuote，統計日期:2005/1 ～ 2013/6

不過，進入 2013 年後，由於美國陸續公布的經濟數據，顯示景氣緩慢復甦，市場不斷傳聞 QE 即將退場。5 月聯準會主席柏南克首度認可，QE 將可逐漸退場的態度後，美元更呈現強勁走勢。

過去讓市場擔憂的美元危機逐漸化解，強勢美元也表示黃金避險需求可以退位了。因此 2013 年以來，黃金多次出現重挫走勢，並在 6 月跌破 1,200 美元關卡。

投機需求降低，金價持續破底

除了美元再展雄風之外，黃金投機需求下降，也是另一個讓金價持續下跌的原因。過去幾年因為金價大漲，造成黃金 ETF 規模大增，黃金期貨交易也非常熱絡。但從 2012 年以來金價下跌，讓金融市場黃金相關商品賣壓沉重。據資料顯示，避險基金大戶索羅斯，在 2013 年第一季賣出價值近 1,500 萬美元的黃金 ETF，而至 2012 年底索羅斯已賣出手上半數的黃金 ETF，而 2013 年以來還持續賣出。

受到大戶賣出黃金 ETF 的影響，黃金 ETF 基金也不得不持續賣出手上的黃金現貨。例如全球最大的黃金 ETF 基金 SPDR，光 2013 年第一季就賣出超過 300 公噸黃金，而到 6 月持有黃金已經低於 1000 公噸，是近四年新低紀錄。

此外，在期貨市場上黃金空單也創下新高紀錄，根據美國商品期貨交易委員會（CFTC）統計，至 5 月 14 日截止，黃金期貨空頭部位有 74,432 口，是自 2006 年 6 月以來的最高紀錄。所有訊息都顯示，金融市場的黃金拋售潮，持續加深金價下跌的壓力。

先測試美元危機前的價位

如果說 2009 年以來的金價漲勢，主要受到美元危機的避險需求所致，那麼在美元危機解除後，金價應該有機會回到金融海嘯前的價位，當時最高價是 1,032 美元。

不過，如果比照其他的原物料價格走勢，到 2013 年 6 月底為止，大部分原物料價格都比 2008 年初的高點還低，例如，銅價僅為 2008 年高點的 80%，油價也是 2008 年高點的 78%，因此，金價即使跌到 1032 美元，和其他原物料相較，應該仍有修正空間。

當然，黃金長期以來，就不只具備原物料與工業需求的價值，還有保值、抗通膨、收藏等心理面因素。此外，國際金融局勢仍然動盪不安，萬一有危機發生時，黃金避險的角色也可能再次凸顯。但就現階段來看，隨著美元轉強，黃金價格仍有持續下跌的壓力，走了十年長多的黃金已經反轉，投資人可不要隨便進場撿便宜。

美元強勢，原物料還有修正空間

除了金價直直落之外，全球原物料目前也呈現持續下跌的壓力。原物料價格受到景氣波動的影響較大，由於全球並未出現強勁經濟復甦，原物料需求不振，價格持續下修。再加上過去幾年原物料需求的主要來源新興國家，目前普遍面臨低經濟成長的困境，尤其是中國需求大幅降低，更讓原物料價格承受較大的修正壓力。除此之外，美元轉強也讓原物料報價下跌。諸多因素，讓原物料走勢低迷（參圖 11-3）。

由於原物料需求疲弱、價格下跌，連帶影響原物料出口國的經濟成長與幣值。例如，礦產出口大國澳洲，在 2011 年 7 月最高 1 澳

11-3 CRB 指數仍持續下跌

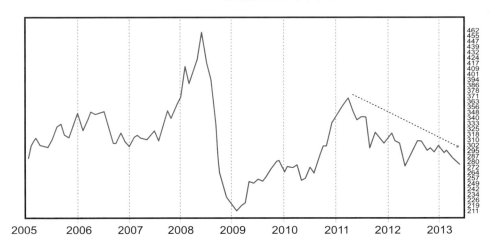

資料來源：MoneyDJ 理財網 /iQuote，統計日期 :2005/1 ～ 2013/6

11-4 原物料出口國澳洲，澳幣持續貶值

單位：美元／澳幣

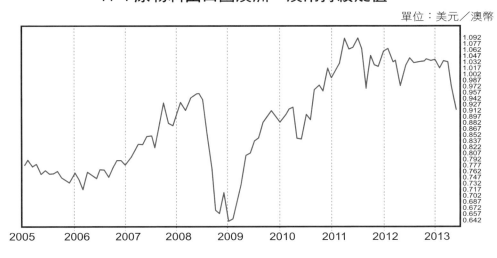

資料來源：MoneyDJ 理財網 /iQuote，統計日期 :2005/1 ～ 2013/6

幣兌 1.1080 美元，但 2013 年 6 月 1 澳幣僅兌 0.9141 美元，跌幅高達 17.5%（參圖 11-4）。又如以原油出口為主的俄羅斯，2011 年 7 月 1 美元兌 27.3920 盧布，到 2013 年 6 月 1 美元兌 32.8419 盧布，盧布貶值幅度達 16.6%。

若景氣持續低迷，原物料需求不振，再加上美元走強，則這些原物料出口國貨幣，不排除還有貶值空間。未來要等景氣復甦更強勁後，才可能讓原物料價格與相關幣值止跌回升，短期內看來，這些國家仍將面臨經濟緊縮的調整期。

結語㈡
後 QE 時代，七個投資大趨勢

走過 2008 年底的金融海嘯，至今已經快五年的時間了。這五年經歷了歐債危機、美國財政懸崖危機、中國房市泡沫危機。好不容易，好像快走出隧道，見到前方的曙光，但 2013 年 5 月、6 月，美國 QE 準備退場的訊息，卻讓全球金融市場再掀波瀾。不僅債券市場大暴跌，股票市場也跟著重挫，甚至各國的貨幣也出現大震盪。後 QE 時代的投資市場新趨勢，正式掀開序幕。

過去五年來，全球經濟景氣其實相當疲弱，若不是靠著全球央行撒錢，實在無法支撐目前的股債市價位，如今，領頭羊美國首先表態準備要資金撤退，難怪全球金融市場一陣慌亂。

股神巴菲特有句名言，「當潮水退了，才知道誰在裸泳」，而今投資市場已經在預先反應，當資金潮退場時，那些人可以經得起考驗，而那些人又是過度膨風。

成熟股市穩健，新興股市大暴跌

統計 5 月初到 6 月底二個月的時間內，投資市場的波動方向，或許可以幫助投資人掌握趨勢風向球。

這二個月的波動中，MSCI 世界指數跌幅僅 2.25%，MSCI 新興市場指數跌幅則高達 9.42%，此外，金磚四國指數的跌幅也達 10.68%，顯示成熟股市衝擊較小，但新興股市特別是金磚四國則影響較大。其

中，巴西、中國跌幅高達 20%，俄羅斯也有 16.6%，印度跌幅 9.6%。

若我們再看匯率變化，這段時間唯一強勢貨幣是美元，美元指數漲幅有 1.76%，歐元、日圓則小幅貶值 1.18%、1.85%。但巴西里拉、印度盧比分別貶值 10.22%、9.82%。東協貨幣中，泰銖貶幅達 5.95%，菲律賓披索貶幅也有 4.42%。特別是過去強勢的高息貨幣澳幣、南非幣，則跌幅高達 11.83%、9.19%。

從幣值變化也可發現美元獨強，其他貨幣貶值，其中新興市場與原物料出口國，貨幣貶幅較大，此也透露部分國家資金外流的現象。

根據 EPFR Global Data 的統計資料，在 2013 年 6 月一個月內，國際基金公司在新興股市的賣超高達 215 億美元，但此同時對於美股與日股卻是小幅買超 18 億美元與 19 億美元。所有的訊息，都透露資金正在移出新興股市，並轉進成熟股市。

即使到 2013 年 6 月底，聯準會並未採取任何資金退場行動，但投資市場已經「自己嚇自己」，預告了未來的修正方向。從十大經濟指標趨勢與近期的市場波動，為未來投資指出七大方向。

小心債券市場空頭走勢來了

從公債殖利率的變化已經預告了未來利率走向，由於大部分國家的利率多處在歷史低檔水準，未來利率彈升空間比下跌空間大得多，這將對債券價格帶來較大的修正壓力。

在這一波變動中，美國 10 年公債殖利率從 1.6% 快速上升到 2.5%，已經預告了利率方向。在預期利率上升環境中，長期公債衝擊性大於短期公債，政府公債衝擊高於高收益債券（因為有高利率與信評調升機會的支撐）。但由於債券市場已經呈現多頭走勢超過十年以上，債券價格普遍處在高檔，因此近期全球債券市場出現大量賣壓。

根據華爾街日報報導，所有外資在 2013 年 4 月份賣超美國長期公債金額高達 544 億美元，是自 1978 年統計以來最高單月賣超金額。此外，外資在美國短期公債賣超金額也高達 300 億美元。另外，EPFR Global Data 的統計，6 月份國際基金公司在新興市場債的賣超金額高達 122 億美元，美國高收益債券的賣超高達 118 億元，美國投資等級債券賣超 79 億美元。資金大量流出債券市場，也可預見債券市場多頭趨勢已畫上休止符了。

台灣投資人過去幾年大量買入債券型基金，到五月底在台銷售債券基金規模高達 1.95 兆新台幣。未來隨著利率上升趨勢確認，將對投資人手中資產帶來下跌壓力，值得投資人注意。

QE 雖退場，利率漲幅有限

由於美國景氣改善、QE 即將退場，但此除了引發債市賣壓，也隱含其他的風險。例如，美國與日本二個大量舉債國家，過去幾年央行大量買入自家公債，以引導公債利率下滑，若未來公債殖利率上升，其實也隱含央行手中龐大債券部位的虧損壓力。因此，預估央行不會太快讓利率大幅跳升，造成自己更大的壓力。

雖然美國 QE 預期退場，可是經濟疲弱不振的歐洲，卻還想引導利率下降。例如，2013 年 7 月初歐洲央行總裁德拉吉（Mario Draghi）與英國央行總裁卡尼（Mark Carney）就不約而同表示，寬鬆貨幣政策不變。甚至德拉吉還表示，不排除降息的可能。顯示歐元區仍希望將利率壓在低水準，以助景氣復甦。

另外，當利率水準上揚時，將讓房貸利率升高，不利於房地產市場復甦。如近期美國公債殖利率彈升，美國 30 年期房貸利率也跟著彈升，房貸申請件數立刻下滑，由此可見，利率變動牽一髮動全身。而為了讓美國房市穩健復甦，預估短期內美國央行仍會儘量壓低利率水準。

最先喊 QE 要退場的美國，目前是經濟面最樂觀的國家，不管是採購經理人指數、消費支出、房地產成交……都處在溫和成長的狀態，再加上利率在低檔、資金寬鬆、通膨在低水位，都有利於美國經濟持續成長。唯一困擾的是，失業率無法快速下滑，但此也提供了資金寬鬆的環境。

另外，頁岩氣開採技術突破，讓美國能源產業呈現嶄新風貌，過去受制於中東油價牽制的困擾大幅去除，未來美國在能源產業上將有更大的主導能力。此外，生技產業的突破，美國更是主要領導業者，近年來生技產業指數持續創新高，美國廠商是最大受益者。

再加上預期 QE 退場、美元轉強，未來更多資金轉進美元，更有機會推升美股續創新高。雖然美股在 2013 年 4 月起，已經突破歷史新高紀錄，讓投資人擔心美股高處不勝寒。但若考量美國景氣面處在持續改善軌道，企業獲利仍有機會進一步提升，且目前美股本益比並未到歷史高水位。再加上過去幾年來，美股雖然持續上揚，但美股成交量卻不到金融海嘯前的一半，顯示資金並未進入股票市場。因此，當未來投資人信心逐漸恢復後，資金轉進股票市場，更有助於美股續強。

安倍經濟學，帶動日本向前衝

　　日本新任首相安倍晉三上台後推出安倍經濟學，雖然在全球與國內引起不小的爭議，但卻對長期沉悶的日本經濟帶來了一些催化效果。安倍推出三支箭，包括第一支箭，讓日圓貶值並持續保持寬鬆的貨幣政策，第二支箭，推出高達 20 兆日圓的財政刺激方案，第三支箭，鼓勵企業投資、發展經濟特區，希望能創造更多就業機會、提高國民所得。

　　首先光是日幣貶值，就讓日本股市強勁反彈，並讓日本出口企業出現獲利成長。包括豐田汽車、日產、索尼、松下等汽車、家電出口大廠，都紛紛交出好成績。如豐田截至三月的會計年度，銷售成長18%，淨獲利比前一年成長三倍，而索尼第一季也終於轉虧為盈，顯示日圓貶值對於出口廠商確實帶來正面效益。甚至有基金公司評估，今年日本企業每股盈餘成長率可高達 50% 以上，居全球之冠。

　　在總體環境上，日本的領先指標從 2012 年 12 月起逐步回升，工業生產指數也從 2013 年 2 月起持續上升，消費信心指數從 2013 年1 月起明顯上揚。日本第一季經濟成長率更交出了 4.1% 的亮麗成績單，安倍經濟學確實對日本經濟產生一些刺激效果。唯一要注意的是，日圓貶值造成出口成長，進口也大幅成長，日本貿易逆差金額正持續擴大中。

12-1 日本股市 2013 年漲勢強勁

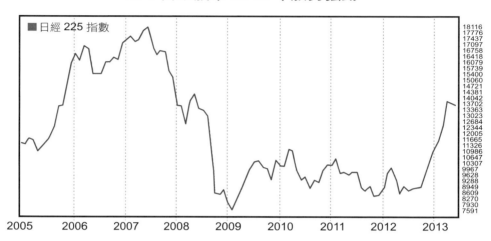

資料來源：MoneyDJ 理財網 /iQuote，統計日期 2005/1 ～ 2013/6

　　日圓價位從 2012 年 12 月 1 美元兌 82.35 日圓，到 2013 年 6 月底兌 99.26 日圓，貶值幅度達 18%，在這段時間日經指數從 9484 點上漲到 13677 點，漲幅達 44%，是全球漲勢最凌厲的股市之一（參圖 12-1）。此外，日本股市今年以來成交量大幅成長，月均量比去年成長近一倍，甚至超越了 2007 年股市高點的月均量。而外資今年更是大幅加碼日股，至 6 月底為止，外資在日本股市買超 313 億美元，大幅超越在新興股市的買超金額。

　　雖然 5 月底 QE 可能退場的疑慮，造成日股在 5 月 23 日單日跌幅超過 7%，不過經過震盪修正後，日股在 7 月已迅速站回季線。從經濟面與資金面來看，日股今年將持續多頭走勢，後續則看安倍經濟學能否促成日本經濟持續加溫。

歐元區從谷底慢慢回升

2010 年 5 月到 2012 年 6 月，全球深陷在歐豬五國債務危機升高，歐元區可能瓦解的恐慌中，而近二年的折衝、談判，最終歐豬五國國會通過撙節措施，債務沒有出現違約風暴，歐元區也沒有瓦解，歐洲風暴逐漸平息。

進入 2013 年歐洲經濟仍非常疲弱，但更讓人頭痛的是失業率居高不下。根據歐盟統計局公布數據，4 月失業率高達 12.1%，是自 1995 年來的新高紀錄，特別是年輕人失業率達 24%，成為各國政府的頭痛問題。

為控制財政赤字不斷惡化所採取的撙節措施，讓歐元區出現經濟衰退的困境，因此也有一些呼聲，認為應該放鬆撙節。但目前德國立場堅定，似乎不容易撼動。

PMI 指數觸底回升，股市有成長空間

不過，歐元區雖仍處在經濟衰退環境，但近期卻出現一些改善契機。除了績優生德國目前表現持平之外，先前歐豬風暴核心義大利、西班牙，近期採購經理人指數（PMI）紛紛出現觸底回升的走勢。2013 年 6 月西班牙的 PMI 指數為 48.1,已經連續三個月回升，並創下近 24 個月的新高紀錄（參圖 12-2），義大利 PMI 指數雖還在 47，但也是近 21 個月的新高。甚至愛爾蘭 PMI 指數已經回升到 53.2。

12-2 西班牙 PMI 指數，已見到回升走勢

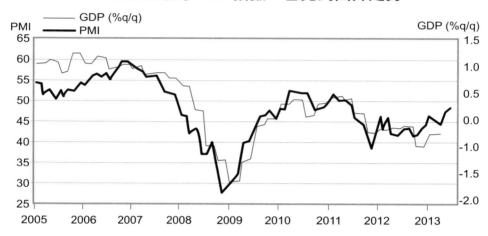

資料來源：Markit

12-3 西班牙股市從谷底回升

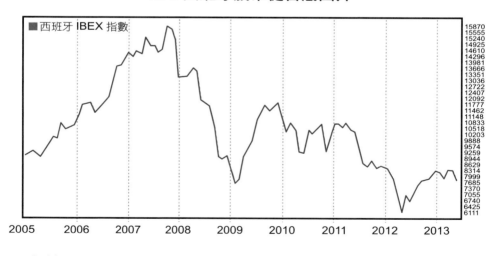

資料來源：MoneyDJ 理財網 /iQuote，統計日期 2005/1 ～ 2013/6

2012 年 6 月，在歐盟峰會決議讓紓困基金可直些協助歐洲銀行，避免金融危機持續擴大後，歐元區危機終於緩和，股市也止跌回升。隨著歐元區情況沒有再惡化，股市穩步趨堅。法國、西班牙、義大利股市的低點，都出現在 2012 年 6 月，至今年 6 月底，漲幅分別 27.7%、29.5%、22.4%（參圖 12-3）。而德國股市更在 2013 年 5 月突破歷史新高紀錄。

　　雖然預估今年歐元區經濟仍為負成長，但隨著 PMI 指數止跌回升，趨勢朝向正面發展。從過去經驗，在 PMI 止跌回升階段，都是股市的好買點，因此，今年歐元區股市也不需要過度看淡，反而可以逢低慢慢布局。

金磚四國落難，
新興股市陷入調整期

　　從 2000 年崛起的金磚四國（中國、印度、巴西、俄羅斯），雖然至 2012 年底 GDP 規模已經擠入全球前十強，但從 2011 年開始，金磚四國的股市卻呈現步履蹣跚的走勢，而在近期 QE 將退場的恐慌中，金磚四國股市的跌幅也相對較大，難道金磚四國已經「落漆」。

　　確實，目前金磚四國的經濟情況都不太理想，預估還要經歷一段修正調整期。主要原因是受到歐美經濟下滑影響，金磚四國出口受到不小衝擊，再加上國內通貨膨脹陰影未除，各國對於大動作提振經濟顯得綁手綁腳，反而對於推動景氣復甦力不從心。

巴西高通膨，民眾上街頭抗議

　　例如，巴西經濟表現波動最大，2010 年經濟成長率還有 7.5% 水準，但 2012 年滑落至僅 0.9%，跌破許多人眼鏡。而 2013 年 5 月通膨率還高達 6.5%，讓巴西央行在 2013 年 4 月、5 月連續二次升息，將基準利率調高到 8%。雖然巴西政府預估 2013 年經濟成長率可達 3%，但根據目前的表現，一般預估成長率應該會下修。

　　低成長、高通膨，正是目前巴西面臨的經濟困境，巴西股市自 2010 年 11 月見高點 73,103 點之後，到 2013 年 6 月底已跌至 53506 點，跌幅達 26.8%，而且目前還呈現持續破底的走勢（參圖 12-4）。

12-4 巴西經濟變數多，股市下跌

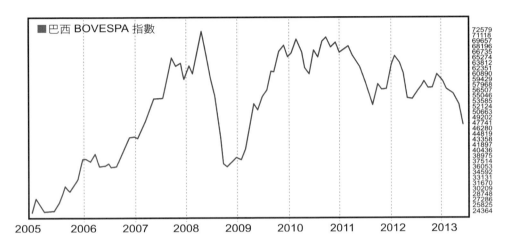

資料來源：MoneyDJ 理財網 /iQuote，統計日期 2005/1 ～ 2013/6

　　預計在 2014 年舉辦世界足球賽，2016 年舉辦奧運的巴西，原先
投資市場期待重大建設的利多。但 2013 年 6 月巴西 100 個城市有近
百萬民群眾，卻選擇走上街頭抗議，而熱愛足球運動的巴西民眾，甚
至要求政府停辦世足賽，把錢挪去改善交通與教育品質。

　　由於巴西教育品質、醫療水準大幅落後，大眾運輸費用又居高不
下，公共運輸費用佔一般民眾生活支出高達 25% 以上，讓民眾忍無可
忍上街頭抗議。雖然巴西總統羅賽芙 6 月表示，將斥資 500 億巴西里
拉興建大眾交通系統，並改善醫療與教育，但目前民眾仍持續抗爭。
巴西的危機該如何解決，似乎沒有短期的特效藥。

俄羅斯、印度，低成長高通膨

俄羅斯過去幾年經濟成長率約在 4% 上下水準，而近期受到油價滑落的衝擊，俄羅斯將 2013 年經濟成長率從原先預估的 3.6%，調降為 2.4%，也是景氣不振、原物料需求下滑的受害國之一。2013 年第一季俄羅斯經濟成長率僅 1.6%，5 月通膨率卻高達 7.4%。低成長、高通膨，俄羅斯股市從 2011 年 4 月高點 2,143 點，跌落到 2013 年 6 月底 1,275 點，跌幅高達 40.23%，目前仍呈現空頭走勢。

印度過去經濟成長率高達 9% 以上，2012 年已降至 5%，2013 年預估經濟成長率為 5.7%，但第一季經濟成長率僅達到 4.8%。去年印度通膨率高達 7.5%，今年預估仍在高水準。不過因為經濟疲弱，印度央行今年 3 月、5 月二次降息，目前央行附買回利率仍為 7.25% 高水準。在金磚四國中，印度股市表現相對穩健，不過 2012 年外資大量買超印度股市高達 245 億美元，但 2013 年 6 月卻轉為賣超，再加上近期印度盧比大幅貶值，未來印度股市仍要持高度警戒。

另外，中國正在進行體質調整，不僅成長率不如以往，還有金融改革問題要面對。中國成長趨緩，對原物料需求大幅縮減，更讓所有原物料出口國面臨緊縮壓力。金磚四國目前普遍面臨實質負成長（經濟成長率低於通膨率）狀態，除非通膨下滑或是經濟出現高成長動能，否則，這幾個國家的股市暫時難有好表現。

趨勢 06
中國調結構，股市低檔盤整

2013 年 6 月 20 日中國銀行間隔夜拆款利率 (SHIBOR)，跳升到 13.44% 的異常水準，震驚金融市場，當天中國股市下跌超過 2%。由於中國當局並未表示要出手紓解資金荒，股市在 6 月 24 日更重挫 5.1%，上證指數跌破 2,000 點關卡。

雖然 6 月 25 日人民銀行釋出資金，讓銀行間隔夜拆款利率回落到 5.553% 的水準，但是，中國的金融緊張情勢卻未能在短期內消除。屬於中國內部調整的問題正式搬上檯面，究竟是一場緩慢無痛的體質扭轉，還是一個大震盪的激烈改革，仍未可知。一切就在中國新領導人的手中了。

習李政權，採取積極改革決心

中國新任國家主席習近平與國務院總理李克強，在 3 月份正式上任後，採取一連串雷厲風行的措施。包括肅貪、禁奢，一時之間從官方到民間都繃緊神經。而且在「穩增長、調結構」的政策原則下，不僅要求出口數據不得浮濫亂報，同時也表示城鎮化不以推動硬體建設為主，跟過去追求積極建設、高成長經濟政策大不相同。而 6 月份對銀行抽緊銀根的動作，更透露對金融體系亂象的積極整頓態度。短短三個月的時間，習李主導的政權，展現改革的決心。

中國目前有三大問題待解，第一，房地產過度投資，第二，原物料與部分產業產能過剩，第三，影子銀行與地方政府過度放貸。其

中，金融放貸問題一直讓人憂心忡忡，信評機構惠譽的分析師評估，中國非金融機構與地方政府的融資金額，規模已高達 GDP 的 150% 以上。投資市場也擔心，若不妥善處理，中國可能爆發本土性金融風暴。

經濟面成長遲緩

除了影子銀行與地方債的問題亟待處理之外，中國目前經濟表現確實不理想。雖然官方的採購經理人指數（PMI）仍維持在 50 以上，不過匯豐銀行調查的中國 PMI 指數，則連續三個月在 50 以下，顯示景氣成長停滯。另外，進出口金額更出現明顯萎縮，5 月份出口僅有 1% 年增率，進口則為 -0.3%，進出口停滯，中國經濟成長動能熄火。雖然第一季中國經濟成長率仍有 7.7%，但下半年在政府消除泡沫的

12-5 中國經濟結構調整，股市疲弱

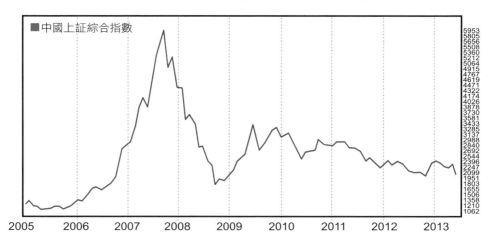

資料來源：MoneyDJ 理財網 /iQuote，統計日期 2005/1 ～ 2013/6

打壓下，再加上國際景氣未明顯復甦，中國今年經濟成長率能否維持7.5%，仍有不小的挑戰。

中國上證指數在金融海嘯後，高點出現在 2009 年 8 月 3,478 點，之後已經持續近四年的空頭走勢，2013 年 6 月最低跌至 1,979 點，跌幅達 43%，是金磚四國中最疲弱的股市。2013 年新領導人上台後又採取鐵腕措施，上證指數在 6 月出現長黑，並跌破近四年低點，因此除非中國經濟出現大幅成長契機，否則短期內股市仍將低檔盤整。不過，因為中國股市已經修正近四年，在消化整理之後，中長線買點也將慢慢浮現（參圖 12-5）。

從大方向來看，中國政府快速處理先前累積的幾個泡沫，是一個正確的作法，體質調整後的中國將更為健康，也有助於長線的成長。只不過，擠泡沫的手法必需非常謹慎，若過於激烈可能引發金融市場恐慌，也將拖累全球市場。未來中國政策面動向，需要持續保持密切注意。

東協股市小心過熱的秋季

　　過去幾年表現最亮眼的新興股市當屬東協股市，包括泰國、馬來西亞、菲律賓、印尼等股市，從 2009 年以來呈現強勁上漲走勢，並紛紛在 2013 年突破 1997 年金融風暴前的高點，再度創下歷史新高紀錄。

　　東協涵蓋十個國家，包括新加坡、泰國、馬來西亞、菲律賓、印尼、越南、寮國、汶萊、緬甸、柬埔寨等十國。目前東協人口超過 6 億人，至 2012 年 GDP 規模達 2.3 兆美元，同時據估計至 2020 年這個區域的 GDP 規模可達 4.7 兆美元，幾乎可以再翻一翻。

　　東協十國中，除了新加坡原屬亞洲四小龍外，就屬泰、馬、菲、印尼，GDP 規模較大，也是這一波的成長重心。受到東協自由貿易協定上路，再加上中國因為人民幣升值與 2009 年後進行產業結構調整，反而促成東協四國快速成長，2012 年平均都創下 5.5% 到 6.5% 的經濟成長率，幣值升值、股市也創新高，可說是氣勢如虹。

　　不過，2013 年 5 月傳出美國 QE 可能退場的訊息下，這四國股市不約而同呈現重挫、幣值也貶值，令人擔心東南亞四國的股市是否高處不勝寒。從 5 月高點到 6 月低點，短短一個月時間內，泰、菲、印尼股市分別下跌 18.8%、23.3%、16.7%，並紛紛跌破季線，其中只有馬來西亞股市持平。在幣值方面，從 5 月初到 6 月底二個月內，泰銖、馬幣、菲律賓披索、印尼盾，分別貶值 5.95%、4.55%、4.43%、2%（參圖 12-6）。

12-6 印尼股市出現高檔震盪

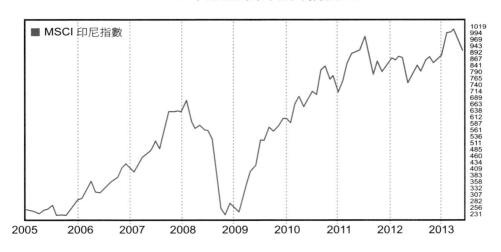

資料來源：MoneyDJ 理財網 /iQuote，統計日期 2005/1 ～ 2013/6

經濟成長縮小、幣值貶值，小心風險升高

雖然 2013 年東南亞四國經濟仍有高成長預估，但大部分國家第一季交出的成績單不如預期，同時也看到一些警訊出現。例如，今年印尼經濟已承受較大壓力，第一季經濟成長率雖有 6%，但 3 月通膨率升高到 5.9%，世界銀行還下修印尼經濟成長率為 5.9%，並上修通膨率為 7.2%，對印尼經濟看法保守。

由於近期印尼幣值貶值，為免資金快速流出，印尼央行在 6 月還調高銀行隔夜拆款利率一碼，以防止貨幣進一步貶值。此外，印尼在 2012 年出現貿易赤字與經常帳赤字，這都是近年首見，因此，已有基金公司將印尼股市列為減碼標的。

雖然泰國、菲律賓、馬來西亞，目前經濟成長率仍可超越通膨

率，還未陷入負成長窘境，但 2013 年以來國際資金卻不像過去般大筆買超東南亞股市，反而呈現資金退潮現象。例如外資去年買超泰股 25 億美元，但今年光上半年泰股賣超就達 25 億美元，因此，後續外資動向以及幣值走向，也都牽動著東南亞股市未來走勢。而在走了四年多頭氣勢後，今年的東南亞股市要注意風險。

成熟股市要納入投資組合

過去十年投資人積極擁抱新興股市，他們確實也有一波大幅成長的榮景，但就像青少年邁向成年人的過程中，總需要停下腳步，好好的調整步伐，才能更為穩健的成長。而成熟國家雖然也遇到不少困難，不過在經過積極調整後，目前正在持續復元中。

從經濟環境的春夏秋冬來看，目前全球才剛要走出冬季慢慢邁向春季，對投資市場而言，應該是要加碼股票、減碼債券的環境。雖然 QE 資金潮退場，將帶來一些衝擊，但若各國經濟體質持續改善，投資人反而應該樂觀期待股市未來的表現。而從平衡的角度來看，過去偏重新興股市、忽略成熟股市的投資策略，應該做一些調整，現階段納入成熟股市，才是一個更為穩健的投資組合。

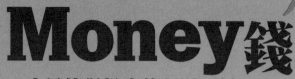

「XQ全球贏家」華人投資決策支援系統
台、港、中、美、日、韓 財經動態，一次命中
丁予嘉、宋文琪、呂宗耀、黃慶和、謝金河 投資大師 **專業推薦**

蒐集整理分析資料的方法，是決定輸贏的關鍵，透過專業即時的財經資料庫與彈性的個人化介面，「XQ全球贏家」整合國際股匯市訊息，以全球華人觀點，宏觀整合研判產業趨勢，掌握細微資料佐證，站在最佳的視野贏得機先！

XQ全球贏家功能鑑賞

▶ **最即時精準完整的報價資訊**
- ·最即時精準報價·提供台、港、中所有即時金融資訊
- ·提供SIMEX、日韓美及全球金融資訊

▶ **最深入完整的盤後及產業資料庫**
- ·提供深入的產業分析及商品原物料行情·完整的國內外基金資料庫

▶ **XQ全球贏家對所有資訊提供完美的整合**
- ·整合台、港、中金融產業資訊，比別人掌握更多的致勝資訊。
- ·用最短的時間，掌握影響股市的所有即時金融資訊。

更多超強功能盡在XQ全球贏家（http://www.xq.com.tw）

高寶書版集團　林奇芬《窮人追漲跌，富人看趨勢》讀友專享

親愛的讀者您好：

感謝您對《 窮人追漲跌，富人看趨勢 》一書的支持與愛護！如果您想要到本書附錄介紹之詳細股市資訊、最新數據、及專業投資人使用之操作軟體來來閱您所關心的個股資料，只要填妥本份回函表，即可獲以下各項專業尊榮好禮，趕快來體驗這項史上最強大投資決策支援系統！

■傳真回函送：「XQ全球贏家」即時看盤軟體七天帳號試用，價值2,500元

傳真《 窮人追漲跌，富人看趨勢》首刷書籍本張內頁回函，即可獲得本項贈品，活動至103年3月31日為止。（讀者依回傳優先次序，擁有產品體驗）

■三名幸運讀者抽獎送：「XQ全球贏家」即時看盤軟體一個月帳號（價值10,000元）＋專人教學課程（價值3,000元），總價值13,000元，獎項共三名。

傳真《 窮人追漲跌，富人看趨勢》首刷書籍本張內頁回函，102年9月30日前抽出獲獎讀者名單。

＊活動回函請傳真至：(02)29105858致行銷部EC負責人，產品相關咨詢請洽0800-006-098

＊本項產品致贈體驗與抽獎活動，由嘉實資訊專人為您服務

申請者基本資料

姓名：＿＿＿＿＿＿＿　連絡電話：(O)＿＿＿＿＿＿　(H)＿＿＿＿＿＿　(M)＿＿＿＿＿＿

電子郵件：＿＿＿＿＿＿＿＿＿＿＿＿＿＿＿＿＿＿＿＿

若總公司舉辦「XQ全球贏家」產品說明會，□願意 □不願意 收到相關資訊

- -

最專業的房產財經居家雜誌
最值得你信賴的住居工具書

房子大小事，都由《好房》來搞定。

閱讀好房，讓你買好房·理好財·品味好生活！

每月1日出刊，**定價$129，特價$99，**

購買請洽全省各大書店及網路書店

http://news.housefun.com.tw/mag

高寶書版集團
gobooks.com.tw

RI 271
窮人追漲跌，富人看趨勢：投資前一定要懂的10個指標

作　　者　林奇芬

編　　輯　王馨儀

校　　對　林奇芬、王馨儀

排　　版　趙小芳

美術編輯　黃鳳君、斐類設計

出　　版　英屬維京群島商高寶國際有限公司台灣分公司
　　　　　Global Group Holdings, Ltd.

地　　址　台北市內湖區洲子街88號3樓

網　　址　gobooks.com.tw

電　　話　（02）27992788

電　　郵　readers@gobooks.com.tw（讀者服務部）
　　　　　pr@gobooks.com.tw（公關諮詢部）

傳　　真　出版部（02）27990909　行銷部（02）27993088

郵政劃撥　19394552

戶　　名　英屬維京群島商高寶國際有限公司台灣分公司

發　　行　希代多媒體書版股份有限公司/Printed in Taiwan

初版日期　2013年8月

初版20刷　2013年11月

國家圖書館出版品預行編目（CIP）資料

窮人追漲跌，富人看趨勢：進場前一定要懂得10個指標
/林奇芬著 . -- 初版. -- 臺北市：高寶國際出版：
希代多媒體發行, 2013.8
　面；　公分. --（致富館；RI 271）
　ISBN 978-986-185-880-7（平裝）

1. 基金　2.投資

563.5　　　　　　　　　　　　　　　100012996